発想し創造する
建築設計製図
Architectural design drafting

編著者

松本直司
夏目欣昇

・

藤田大輔
加藤悠介
北川啓介
橋本雅好
谷田　真
中井孝幸
伊藤孝紀
道尾淳子
清水隆宏
生田京子
甲村健一

理工図書

まえがき

　このところ、建築設計製図に関する教科書が盛んに出版されている。その多くは、高等専門学校や大学の建築関連の学科に所属して、初めて建築を学ぶ人のための設計製図の基本を示している。ひとつの設計課題に対して、最終の基本設計が完成するまでの過程を提示し、実際に読者に同様のプロセスで設計をしてもらうという内容である。また、設計の基本である、線の引き方、表現方法、建築のスケッチ、建築図面のコピー、そして設計課題を示してその模範解答を示すといったものもある。建築士を目指すための基本的な事項を学ぶための建築設計の参考書もある。

　本書は、建築設計製図を学びはじめる初学生から、自身で建築の基本設計を行うまでの、主に大学の学部学生、高専の学生を対象とするものである。その中で特に設計を将来職業として目指す学生を対象としており、一流の建築家や建築設計士として将来の建築を担う人材を育てることを目指した入門書でもある。

　この本で特に留意したのは、設計のための表現技術もさることながら、建築をその発想段階から形をイメージし、それらを統合してひとつの建物へと組み立て、それを図面化して最終的にプレゼンテーションするといった、それぞれの段階を順に解説している点である。とはいってもどの段階から読み始めてもそれなりに建築設計に有効な内容となっている。特に、設計において最も重要である、建築の新たな発想、空間創造についてこだわっており、その創造過程を重視している。

　単に建築士の資格を取るための表現方法を学ぶものではなく、図面表現により、自身の設計を他の人に示し、その空間への共感を得るための設計方法を学ぶものである。内容を正確に伝え、なおかつ独自な表現方法を身につけるための教科書である。具体的には建築設計製図の描き方・基本的事項、設計のプロセス、資料の集め方、発想の方法、形への方法、寸法や形をまとめる、実際の図面化・プレゼンテーションのテクニック、これらの設計のプロセスを大事にしたい。

　以上のような意味で、建築の初心者向けであると同時に発想力をもう一度高めたいという学生諸氏にも有効な内容となっている。発想がどのようになされていくかは決してルールがあるわけではないが、その発想を助ける意味での教科書であると認識頂きたい。

　内容は、できる限りわかりやすく、ビジュアルに、楽しく、写真だけでなく実際の図面を多く入れている。設計の授業の教科書、参考書であり、具体的な図面は身近な題材とし、建築家教育のための教科書である。

　執筆には、これまで建築設計教育に携わってきた諸先輩の多くの知恵を踏襲している面が各所にある。元来であればお一人お一人のお名前を入れるべきところであるが、拙筆においてはかえって失礼になってしまうのではないかと思われる。あえてここでは、諸先輩方に対する謝意のみを述べ失礼を申し上げるところである。

平成29年6月吉日

編著者　松本　直司

目　　次

まえがき

第 1 章　学ぶ／習う　本性 …………………………………………………… 1

1.1　設計製図の心得 ……………………………………………………………… 2

1.2　かたちを決める元になるもの ……………………………………………… 6

　　1.2.1　知識の収集／6
　　1.2.2　人間をよく知る／8
　　1.2.3　かたちを決めるきっかけと手法／9

1.3　建築をかたちづくる ………………………………………………………… 10

　　1.3.1　かたちをつくるプロセス／10
　　1.3.2　制約条件に対応する／11
　　1.3.3　風景の固有性を考える／12
　　1.3.4　社会とのつながりを意識する／13

第 2 章　感じる／知る／考える ……………………………………………… 15

2.1　動作を感じる ………………………………………………………………… 16

　　2.1.1　利き／16
　　2.1.2　体型／18
　　2.1.3　着衣／20
　　2.1.4　心理的領域／22
　　2.1.5　情報を感じて想像する／24

2.2　生活を感じる／知る／考える ……………………………………………… 26

　　2.2.1　家族／26
　　2.2.2　人生／28
　　2.2.3　利己性と利他性／30

第 3 章　発想する／エスキス ………………………………………………… 33

3.1　採る ……………………………………………………………………………… 34

　　3.1.1　スケール・比例／34
　　3.1.2　幾何学／36
　　3.1.3　反転／38

3.2　つなげる ……………………………………………………………………… 40

　　3.2.1　接点／40
　　3.2.2　連続／42
　　3.2.3　媒介（ノード）／44

3.3　散らばる・集まる　　46
　　3.3.1　分散・集合／46
　　3.3.2　入れ子（重合）／48

第4章　イメージを固める／方向付けるフォーム　　51

4.1　たてる　　52
　　4.1.1　立てる／52
　　4.1.2　覆う／53
　　4.1.3　囲む／54
　　4.1.4　積む／55
　　4.1.5　置く／56

4.2　意識づける　　57
　　4.2.1　象徴させる／57
　　4.2.2　留める／58
　　4.2.3　透かす／59
　　4.2.4　対比する／60
　　4.2.5　取り込む／61

4.3　イメージをかため、カタチづける　　62
　　4.3.1　ボリュームを削る／62
　　4.3.2　ボリュームを分割する／63
　　4.3.3　ボリュームを曲げる／63
　　4.3.4　ボリュームをつなげる／64
　　4.3.5　異形をならべる／64
　　4.3.6　レイヤーを重ねる／64
　　4.3.7　折り曲げる／65

4.4　イメージを方向づけ、建築化する　　66
　　4.4.1　繰り返してかたどる／66
　　4.4.2　連続的につなげる／67

第5章　ものをおさめる／立てる／築く　　69

5.1　コンテクストをいかす　　70
　　5.1.1　コンテクスト／70
　　5.1.2　敷地調査／72
　　5.1.3　対象敷地／74
　　5.1.4　周辺環境／76
　　5.1.5　気候・風土／78
　　5.1.6　立地・交通／80
　　5.1.7　原風景／82

5.2 人の動きを考える・動線計画 ……………………………………………………84
- 5.2.1 領域の操作／84
- 5.2.2 空間の公共性／86
- 5.2.3 子どもの寸法／88
- 5.2.4 子どもの日常・遊び／89
- 5.2.5 コミュニティ／90

5.3 機能する・プランニング …………………………………………………………92
- 5.3.1 平面で考える／92
- 5.3.2 断面で考える・立面で考える／94

5.4 考えをまとめる ……………………………………………………………………96
- 5.4.1 ディスカッション／96

5.5 空間を組み立てる …………………………………………………………………98
- 5.5.1 構造体／98
- 5.5.2 ファサード／100
- 5.5.3 配置の手法・距離の取り方1／102
- 5.5.4 配置の手法・距離の取り方2／104
- 5.5.5 配置の手法・距離の取り方3／106

第6章　しつらえる／設え／室礼／インテリア ………………………………109

6.1 設える ……………………………………………………………………………110
- 6.1.1 機能性・快適性の追求／110
- 6.1.2 常設の空間・仮設の空間／111

6.2 繋げる／室内と外部・室と室 ……………………………………………………112
- 6.2.1 空間の繋がり／112
- 6.2.2 ひさし・えんがわ／114
- 6.2.3 建具／115

6.3 空ける・備え付ける／室内空間 …………………………………………………116
- 6.3.1 空ける空間／116
- 6.3.2 備え付ける空間／118

6.4 魅せる／空間の質 …………………………………………………………………120
- 6.4.1 くつろぎのデザイン／120
- 6.4.2 趣向を凝らしたデザイン／121

第7章　発表する／伝える ………………………………………………………123

7.1 図面化する ………………………………………………………………………124
- 7.1.1 2次元に表わす／124
- 7.1.2 3次元に立ち上げる／126

7.2　模型化する……………………………………………………………………129
　　7.2.1　模型道具・模型材料／129
　　7.2.2　周辺環境を理解する／131
　　7.2.3　ボリュームを考える／132
　　7.2.4　内部の繋がりや、細部を考える／133
　　7.2.5　模型で伝える／134

7.3　発表する………………………………………………………………………136
　　7.3.1　ポートフォリオ／136
　　7.3.2　図面の仕上げ方／138
　　7.3.3　タイトルとコンセプト／140
　　7.3.4　オーラルプレゼンテーション／142

7.4　議論する………………………………………………………………………144
　　7.4.1　建築論を読む／144
　　7.4.2　講評する／146

第8章　図面作製法………………………………………………………………149

8.1　課題としての設計図面………………………………………………………150
　　8.1.1　設計説明書（コンセプト）／150
　　8.1.2　周辺環境図／150
　　8.1.3　配置図／150
　　8.1.4　平面図／151
　　8.1.5　立面図／152
　　8.1.6　断面図／153
　　8.1.7　透視図／154
　　8.1.8　模型／155

8.2　建築設計課題の進め方………………………………………………………156
　　8.2.1　Nまちクラブ将来計画／156

8.3　建築家の設計図面……………………………………………………………170
　　代々木の家／170
　　フォレストハウス／174
　　索引……………………………………………………………………………178

執筆者担当

松本直司	まえがき
	第1章 1.1.1
	第8章 8.1節、8.2節
藤田大輔	第1章 1.2.1〜1.2.3
	第5章 5.2.3、5.2.4
加藤悠介	第1章 1.3.1〜1.3.4
北川啓介	第2章 2.1.1〜2.1.3、2.2.1〜2.2.3
	第7章 7.3節、7.4節
橋本雅好	第2章 2.1.4、2.1.5
谷田　真	第3章 3.1節、3.2節、3.3節
中井孝幸	第4章 4.1節、4.2節
伊藤孝紀	第4章 4.3節、4.4節
道尾淳子	第5章 5.1節、5.2.1、5.2.2
夏目欣昇	第5章 5.2.5　5.3節、5.4節、5.5節
清水隆宏	第6章 6.1節、6.2節、6.3節、6.4節
生田京子	第7章 7.1節、7.2節
甲村健一	第8章 8.3節

第1章　学ぶ／習う　本性

　第1章では「学ぶ／習う」ということで、初めて建築を学ぶ人のために建築設計の心得から始まり、建築として形を決めていくための基礎的知識を記述している。建築設計においては、設計者としての感性を磨く必要性があり、様々な先人たちの知恵を学ぶことにより、具体的な形が導き出される。もちろん、その背景には、建築を利用する人々の新たな生活像の設定が欠かせない。設計を進めるためのプロセス、社会的・技術的制約条件、世の中の動向など多くの知識が必要とされる。

1.1 設計製図の心得

(1) 行動に出よう

① 手を動かす
② 常に考える
③ 五感を働かせる
④ 日常生活は建築の教科書

メモを取る

手を動かす

手を動かす

常に考える

五感を働かせる

(2) 先人の知恵に学ぼう

① いろいろな本を読み、本を見る
② 建築家と話をする
③ 建築家の講演を聴く
④ 建築を見に行く

スケッチをする

本を見る

本を見る

講演を聴く

建築を見る

旅に出る

⑤　建築家のファンになる
⑥　旅をする
⑦　都市は様々な発想の源

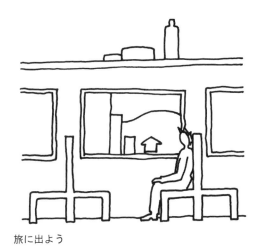

旅に出よう

(3)　製図室でやろう

①　いつも元気で輝いて
②　きれいに製図室を使う
③　人と議論をする
④　友人関係を大事にする
⑤　自身の人格を磨く

製図室で

いつも元気で輝いて　　　友人関係を大事に

議論をする

(4) 図面は解りやすく

① 書き方の基本を大切にする
② 表示方法のルールを守る
③ 意図を正確に伝える

図面はわかりやすく

(5) 良いデザインを追求しよう

① 本質や原点を常に考える
② 発想を大事にして成熟させる
③ 発想の転換も恐れない
④ 見せ場を計画する
⑤ 案をやりかえることに躊躇しない
⑥ 苦労は人を感動に導く

見せ場をつくる

(6) 常に独創的であろう

① 常識の枠をはずす
② いつも若い心で
③ 夢を形にする
④ 良いと思ったらとことん追求する
⑤ 初めてのことには挑戦する
⑥ 難しいことこそぶつかっていく
⑦ アイディアを大切に

いつも夢を持って

(7) 「表現を美しく」を心がけよう

① いつもスケッチを
② デッサンを学ぶ

スケッチをする

デッサンをする

(8) 期限を守ろう

① 締切を過ぎたら落第の覚悟を
② 期限を守ることはこの世界の常識
③ 学生の時から期限に後れないように心がける

締切りを守る

(9) 発表は堂々と

① 発表は、大きな声で胸はって
② 要点をとらえて簡潔にわかりやすく

プレゼンは堂々と

1.2 かたちを決める元になるもの

1.2.1 知識の収集

設計の課題をこなすための様々な知識は、まず建築設計資料集成や建築雑誌をあたることが基本となる。本節では、それらは省略し、常日頃意識すべきことについて触れてみたい。

図1.2.1　様々な建築・インテリア関連の雑誌

設計にあたっては様々な分野の知識収集が必要である。当然、設計課題が出されてから、それに関わる内容を調べることが中心となるが、設計には、常日頃からどのような内容に興味を持っているか、設計以外でどのような考え方をしてるかといった人間性や個性がにじみ出る。むしろ個人の興味関心が一人ひとり異なっていることを踏まえると、オリジナルな提案をするためには、「設計以外で何が好きか」といった観点から発想のきっかけとすることを勧め

たい。また、常日頃から「建築学科の学生である」自負を持ち、様々な事柄に対して「どう設計に活かすか」といった視点を持つことが重要である。

設計に関わる知識を収集するには、大きく分けて3つの方法がある。

1つ目は、良い建築を自らの足で見に行くことである。建築のガイドブック等で場所を特定し、見学に行くことが基本となる。また、建築の見学会、オープンハウスなどは、設計者の解説があり、普段入

れない箇所まで見れることが多い。時間はかかるが、可能な限り足を運んでいただきたい。

2つ目は、書籍や建築雑誌を定期的に読み込み、様々な建築家や関係者の言説に触れることである。雑誌に掲載されている月評などの作品批評・解説を丁寧に読み込むことで、建築に対する理解を深め、自らの糧とする姿勢が大切である。また、掲載されている作品には平面図や断面図が載せられているが、その図面を見ながら「来訪者のつもりで空間を体験すること」なども重要となろう。写真を手がかりにしながら、空間を疑似体験することで設計者のコンセプトに触れることができる。

3つ目は、建築家の作品解説等の講演を聴くことや、作品展などの展覧会を見に行くことである。可能であれば、質問を用意し、講演者や関係者と関わることでより深い理解につながる。

このほか、最も重要なことは大学で学んでいる仲間や先輩と情報交換することである。製図室や食事の場で積極的に議論したり、教員の研究室に顔を出すことなどが挙げられる。

写真1.2.1 設計・建築以外の趣味をどう強みに活かせるか

写真1.2.2 機会をつくって建築見学、オープンハウスに出かける（大野の家／設計：桐山啓一）

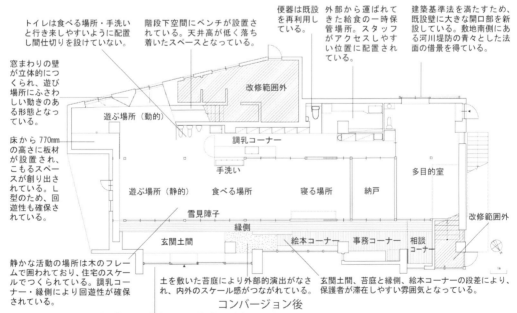

図1.2.2 図面を眺めながら実際の使われ方を想定する（木もれ陽保育園）

（設計：atelier fos一級建築士事務所＋福井工業大学　藤田大輔研究室）

1.2.2. 人間をよく知る

　設計の課題は、主に人間が使うことを想定しているものが大半を占める。そのため、人間の寸法、様々な行動特性、興味関心などについて把握することが必要となる。

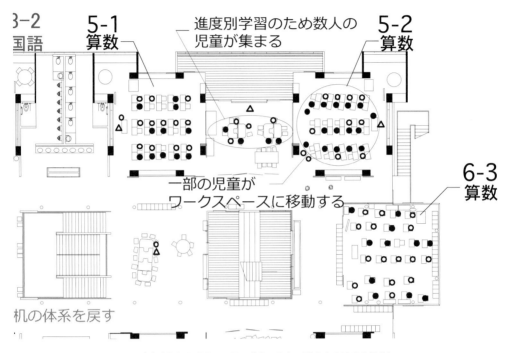

図1.2.3　確定された行動を平面図に落とし込む（岐阜市立岐阜小学校）

(設計：大建設計株式会社)

　人間が使用する建築を設計するためには、まず人間の大きさ（寸法）を把握する必要がある。ただし、背の高さ、体重、足の長さなどはまちまちであるため、「大半の人々が満足する」建築・モノの大きさを見定め、設計を行う必要がある。これは、建築設計資料集成に必要な情報が載っていることが多い。設計する建築種別によっては、子ども、高齢者、障がい者などの身体寸法・行動特性について把握する必要があろう。また、高齢者や障がい者が抱えている障壁を取り除く（バリアフリー）こと、障がいの別に関わらず、様々な人々が満足するデザイン（ユニバーサルデザイン）などの考え方は、特に公共空間を計画する場合には必須である。

　設計では、対象となる人々の行動を観察し、客観的データとして蓄積することが基本となる。住宅の設計などでは、施主の自宅を見せてもらい、家具やモノの配置・特性から住み方を読み解くことができるとよい。多数の利用者がいる場合は、平面図などを用意し、そこに人々の行動を落としこむ調査が必要になる場合がある。

　また、人間の特性を把握するだけでは不十分で、そこで計画する建築のプログラムや社会的背景、他とのつながりなどについて把握する必要がある。特に近年では、敷地のみを提示し、「どのような建築・空間・条件があれば良いのか」といったプログラムも含めた提案を求める設計課題もある。人々の社会的営みについても常日頃から興味・関心を持ち、幅広い知識を得るようにしたい。

　最後になるが、「人間をよく知る」ために重要なのは、日々の生活の中で様々な人々と関わり、交流を持つことである。交友範囲が学内に留まっていては、それもおぼつかない。学外に積極的に出向くことで、日々の交友関係をブラッシュアップするよう意識したい。

1.2.3　かたちを決めるきっかけと手法

建築のかたちは、様々な条件から決定されるが、エスキスを進める上で、形態を次々と操作していく必要がある。詳細は3章以降で書かれているので、ここでは概略を説明する。

写真1.2.3　足し算の平面例（東京都美術館）
（設計：前川建築設計事務所）

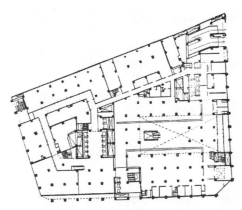

写真1.2.4　割り算の平面例（日比谷三井ビル）

日本の住宅では、畳のサイズをモデュール（＠９１０）として平面を検討することがよくある。このほか、メートルモデュール（＠１０００）もあり、それぞれに一長一短がある。エスキス当初は、どちらかのモデュールでグリッド線を引き、それをベースにかたちを検討するとよい。ある程度壁面・柱のラインをそろえ、整合性の取れた美しいかたちを生み出すことが基本となる。

その次は、施主の要求、類似した事例、予算、建築基準法などから必要諸室を定め、その面積を割り出していく。その必要諸室をプランニングする際に、例えば「足し算」、「割り算」の考え方がある。「足し算」は各室面積をある程度定め、それをパズルのように組み合わせていく方法である。平面上で考えるだけでなく、スタイロ模型などを用いて、3次元で検討していく場合もある。最終的な形態はこの段階で留まらず、最初に設定した形態を柔軟に変化させ、全体として上手くまとめるよう苦心する。「割り算」は、敷地や建物ヴォリュームから外形を定め、その形態の中で部屋を割るようにプランニングしていく。こちらも最初に設定した外形と内部の空間構成を整合させて、柔軟に形態を変化するとよい。

かたちは建物内だけと考えがちであるが、屋外空間のかたちも重要である。常に意識しておかないと、建物内部のプランニングだけに終始し、屋外空間がとても閑散とした面白みのないものとなってしまう。敷地周辺の建物ヴォリュームや道路幅、その地域特有のコンテクストを読み込んで、敷地内外のより良い関係性を生み出すよう尽力したい。縁側などの屋内外の中間領域の設定など、屋内外の境界をどのようにかたちづくるかがポイントとなる。

敷地全体をキャンバスに建物と空いたスペースのかたちを検討した後は、人々の動線や視線を考慮してかたちを修正していく。路地と広いスペースによるにぎわいの演出、大きなフィックスガラスを用いた視線の抜け、樹木などのアイストップを適切に配置し、利用者の居方を想定してデザインしたい。

パブリック＆プライベート空間、個人的空間＆共有空間の切り分けと階層性といった視点も重要である。ある程度エスキスが進んだ際に、この観点から空間を評価し、新しく豊かな空間が実現できるよう検討を進めていく。

1.3 建築をかたちづくる

1.3.1 かたちをつくるプロセス

　イメージの方向性が定まってきたら、実際の大きさや機能を持つ空間として建築をかたちづくる。しかし、イメージがそのままのかたちで建築空間として実現することはほとんどない。また、誰もが簡単に素晴らしい建築空間をつくることができるような単純明快な手法もない。つまり、建築のかたちを整えていくには、イメージと建築空間のあいだで根気よく格闘する必要がある。

　地道なプロセスを経なければならない理由は、社会の状況や規制・ルール、空間を利用する人の属性など、様々な要素を踏まえた上で、建築が成り立っているためである。複雑に相互に関係する設計要素を整理して、自分が思い描いたイメージを徐々に実現していくことが大切である。

　このようなプロセスは一般にエスキスと呼ばれる。具体的には、自分のイメージを条件にあてはまるように、何度もスケッチし、いくつものスタディ模型を制作し、指導教員から助言をもらい、友人とのディスカッションして、アイデアをまとめていくプロセスである。このとき、エスキスで描いたスケッチや制作したスタディ模型は必ず残すことがポイントである。自分の思考過程をたどる軌跡があることで、合理的に建築空間をかたちづくることができるためである。また、描いた何枚ものスケッチやいくつものスタディ模型を眺めると、突如アイデアが思い浮かぶような幸運もあるかもしれない。建築家も様々な角度からスケッチをして設計案を検討したり、バリエーションの異なるスタディ模型を制作して最適なひとつのデザインに絞り込むこともよくある（図1.3.2、図1.3.3、図1.3.4）。

　建築の設計を学び始めたばかりの段階では、イメージと建築空間の間を行き来しながら少しずつ上がるらせん状のプロセスを想定して、丁寧に設計することを目標にするとよいのではないだろうか。

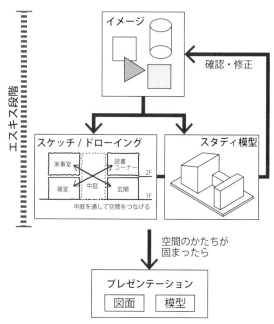

図1.3.1　かたちをつくる基本的なプロセス－スケッチやスタディ模型で何度も考える

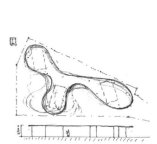

図1.3.2　初期スケッチ－かたちのイメージを膨らませる
（提供：Studio Velocity）

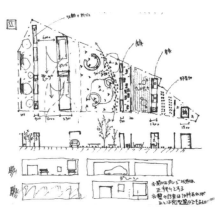

図1.3.3　初期スケッチ－設計条件との調整
（提供：Studio Velocity）

図1.3.4　ドローイング－空間の使い方をイメージする
（提供：Studio Velocity）

1.3.2 制約条件に対応する

設計課題には必ず条件が伴う。多くは演習授業の初回に配布される課題文に明示されている。例えば、課題名に集合住宅や学校、コミュニティ施設、劇場など、建物の種別（ビルディングタイプ）を示す用語もひとつの条件である。ビルディングタイプによって、必要な部屋や、その大きさと空間性能、利用者の行動特性は大きく異なるためである。学年ごとのカリキュラムをみると、空間構成が単純で規模の小さいタイプの課題（例えば、住宅）から始まり、学年が上がるにつれて複雑で規模も大きい設計課題（公共施設など）へとステップアップするのがわかる。

その他の条件も多い。設計する建物の延床面積などの広さや、階数などの高さが課題文に規定されることもある。また、敷地に関わる法的な規制もあり、用途地域の種別や前面道路、隣地との関係などで設計できる範囲が決められることもある。

これらの建築に関わる制約条件に対しては、エスキスの段階で闇雲に合わせようとすると、当初のイメージとかけ離れていくケースも多いので注意が必要である。そうならないために、設計条件ひとつひとつを的確に読み込むことで、条件とのバランスを取りながら、自分自身が本当に設計したい建築空間と折り合いをつけていくことが大切であろう。

一方で、制約条件を上手に設計に取り入れ、新しい空間を提案することもできる。OMAが設計したシアトル中央図書館は、図書館というビルディングタイプの宿命である、資料が際限なく増加する問題に着目している。その問題を解決するために、閉架書庫をスロープ状に計画している。4フロアほどの高さの空間に連続的に書架が並べられた書庫は、フロアごとに区切られた書庫と比較して、効率的な資料の収集・整理することができる。それにより、図書館にある公共スペースの質も大幅に高められ、市民の憩いの場として賑わっている（図1.3.4、図1.3.5）。

一見すると、制約条件はイメージと敵対するものと考えがちだが、場合によっては設計の手がかりやアイデアの中心にすることも可能である。

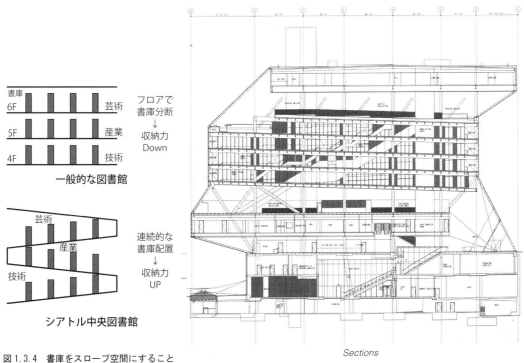

図1.3.4 書庫をスロープ空間にすることで、図書館の宿命を解決している

図1.3.5 シアトル中央図書館断面図（設計：OMA）

1.3.3 風景の固有性を考える

課題文に明示されない条件のひとつに立地に関するものがある。敷地形状や方位は掲載されるが、周辺状況や、駅・道路などの交通状況、学校や文化施設のような地域資源の分布、市街地・郊外・農村の地域特性も建築をかたちづくる上での大きな手がかりになる。

課題に取り組むにあたり、まずは敷地に行き、そこから見える景色を注意深く見ることが大切である。どの方角から見た風景が素晴らしいのかをゆっくりと体感する。また見える風景がどのような植物、地形から成り立っているかも観察する。そのデータをもとに、開口部の位置や大きさ、空間の配置などが決められていく。

風景は、人間の心理や行動に働きかける。病院では、複数人の病室であっても個人の窓が必要だとの認識から、個室的多床室が生まれている。これは屋内にいても自然の変化を認識できることが、治癒を早めるという知見に基づいている（図1.3.6）。

一方、日本には遠くに望む山並みなどの風景と庭園が一体になるようデザインされた借景と呼ばれる手法がある。円通寺では、室内の柱と、庭園の樹木の間隔が計算されて配置されることで、借景として見える比叡山と建築の一体性・連続性がより体感できるようになっている（写真1.3.1）。

図1.3.6　窓から見える季節の変化
("WITH PEOPLE IN MIND"by R.Kaplan , S.Kaplan,& R.L.Ryan より
出典：誠信書房)

写真1.3.1　円通寺の借景

図1.3.7　木の集合の仕方にも様々な様態がある

1.3.4 社会とのつながりを意識する

建築の設計を通じて社会の要請に応えることは、造形的な美しさと同じぐらい重要なテーマである。設計課題に取り組むときは社会の動向に敏感にしておく必要がある。新聞やテレビ、インターネットなどメディアを介して知る「社会問題」には、環境問題や貧困格差のようなグローバルな視点、過疎化などの地域課題、人間関係の希薄化や介護・育児の問題など、様々な要因が見て取れるだろう。

社会の姿を写すひとつに家族の形態がある。家族は年々変化し、世帯年齢を問わず一人暮らしが多くなっている。そのことが住まい方にも影響を与える。つまり、他人同士が居住空間を共有するシェアハウスが注目され始めているのだ（写真1.3.2）。住民で共有する食堂やリビングスペースなどの空間では、これまでの核家族をターゲットとしてきた住宅とは異なる新しい住まい方が見られる。

また、増え続ける空き家などの社会的ストックを活用方法も議論されることが多い。リノベーションやコンバージョンによって既存の建物に新しい建築的価値を付加する手法も普及しつつある。氷見市庁舎は体育館をコンバージョンした事例である（写真1.3.3）。現在のカリキュラムは新築の課題が中心であるが、将来を展望すると改修の課題も増えてくるだろう。そこでは、建築の技術や構法といった専門知識をベースにしたより実用的な思考が求められるだろう。

建築家の宮本佳明は、独自の視点から既存建物の意味を解いていく。ゼンカイハウスは、大震災により全壊と判定された住宅を、住まい手の記憶に着目し、鉄骨で構造補強を行い、時代が積層された空間価値を指し示している（写真1.3.4）。また、「あいちトリエンナーレ2013」では、福島第一原発神社や福島第一さかえ原発を発表し、建築作品を通して、社会的なメッセージを投げかけている（写真1.3.5）。

このような社会とのつながりを設計することは、多岐にわたる複雑な問題を整理する必要がある。設計を始めたばかりの学生にとっては扱うことが難しいかもしれない。しかし、学年が進行し卒業設計に取り組むときには、このような社会問題にも目を向けられる知識と能力がほしい。

建築は社会にも影響を与える存在であることを意識しながら日々のアイデアを練ることも、大切な能力を身につける機会となるだろう。

写真1.3.2　LT城西（設計：成瀬・猪熊建築設計事務所）

写真1.3.3　氷見市庁舎（設計：山下設計）

写真1.3.4　ゼンカイハウス設計
（設計：宮本佳明建築設計事務所）

写真1.3.5　福島第一原発神社

第 2 章　感じる／知る／考える

　第2章では、建築を設計する前段階に必要不可欠となる人の動作、また、生活の諸要素といった身近な例を挙げて解説している。建築とは即物的な建築物の内外で人々が活動や行動を伴うものである。人々の営みの数々のメカニズムを多様に知ることで即物的な建築物を設計していく際にも、より広く、そして、より深く、関連付けながら計画を進めることが可能となる。そのためにも、設計者本人ができる限り、多様な洞察力を養うことが大切である。

2.1 動作を感じる

2.1.1 利 き

　右と左の違いが建築物を使用する人の動きを左右することは少なくない。茶道の点前では、亭主の右側に正客が座する本勝手と亭主の左側に正客が座する逆勝手がそれぞれ存在し、逆勝手の点前では茶道具を扱う手も左の頻度が高くなり、茶室に入る足も左が先となる。古今東西を問わず、多くの宗教の儀礼では、左手は不浄とされ右手の優位性が高く、また、建築よりも人の所作に近い道具のデザインにおいては、右利きや左利きを勘案することが多い。

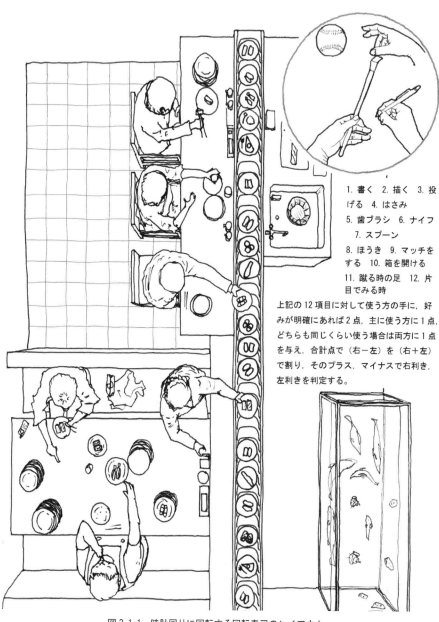

1. 書く　2. 描く　3. 投げる　4. はさみ
5. 歯ブラシ　6. ナイフ
7. スプーン
8. ほうき　9. マッチをする　10. 箱を開ける
11. 蹴る時の足　12. 片目でみる時

上記の12項目に対して使う方の手に，好みが明確にあれば2点，主に使う方に1点，どちらも同じくらい使う場合は両方に1点を与え，合計点で（右－左）を（右＋左）で割り，そのプラス，マイナスで右利き，左利きを判定する。

図 2.1.1　時計回りに回転する回転寿司のレイアウト

(1) 利き

人体が左右対称ではないように、左右どちらかがもう一方に対して優位であることを指す。人間の身体は左右で同じ形をした部分が多い。例えば、手、足、目、耳などは左右にそれぞれあって対をなしている。一方で、これらの身体部分は、つねに左右両方が使用されるわけでなく、そのどちらか一方だけを使用する動作や状況がある。文字を書いたり、絵を描いたり、ボールを投げたりする場合である。両方の手でなく一方の手を使用したほうがより効率が良いことも少なくなく、このような状況では、右側あるいは左側の一方のみが使われる。その際に、例えば、右側を使用する方が効率のいいとき、右利きであると言える。

(2) 利き手、利き足、利き目、利き耳

人間では、世界中の地域差はあるものの、利き手、利き足、利き目、利き耳が右であることが多い。右が利き手となる場合が世界中の全人口の約九割、右が利き足となる場合が約八割、右が利き目となる場合が約七割、右が利き耳となる場合が約六割と言われている。不思議なことに、利き手、利き足、利き耳では、女性の方が男性よりも右が利きとなる場合が多くなり、利き目では男性の方が女性よりも右が利きとなる場合が多いと言われている。もともと古代の人類は、左右両方を同時に使う両利きであったと言われており、それが文明の発達に従って、少しずつ、右側と左側を使い分けていくと同時に、右利きと左利きの違いが生じてきた。つまり、今でも、野球選手にも右打ちと左打ちを使い分ける選手のように、どちらとも分類しにくい左右ともに利く人も存在しており、両者は、根本的には右と左が連続的であったものが、少しずつその両者の性格が特徴的になってきたと考えることが自然である。

(3) 利き手と利き足の要因

利き手、利き足、利き目、利き耳がひとりの人で一致する関連性について調べてみると、利き手と利き足の関連は強くなるが、他の組合せでは関連は弱くなる。なぜ、右手と右足は関連していて、なぜ、左手と左足は関連しているのか。このあたりから、右利きと左利きが生じてきた要因を探ってみる。人間の体の中で、ほとんど全ての機能性の根源となっているのが、全身に血液を送り込む心臓となる。この心臓は、人体において基本的に左側に存在することとなる。心臓が左側に位置する、ということは、人間にとっての急所でもある心臓から距離を少しでも離した右側の手や足は、長き人生を過ごしていく中で、左側の手や足よりも多分に機能的に活用されていくことになる。いわば、手や足を使った作業の中で、人体の左側を危険なシチュエーションにおくよりも、右側にリスクをもたせる方が、結果的に急所である心臓を守ることになる。こうした、人体に対して、何かしらのケガのリスクや仕様の負担度が高くなる外的要因を、人体の左側よりも右側に集中させてきた結果、生活の中で、目や耳よりも手と足の方が動作の過程で外的要因にさらされることが多いことから、同じ人では、手と足が右利きであれば右利き、手と足が左利きであれば左利きとなる。

(4) 利きが活かされ所作と一体となった空間

茶室は、右利きと左利きを勘案して設計されている建築としての好例である。いわば、右と左を使い分けた茶道の所作と茶室の空間が一体化している証でもある。茶道を試してみるとわかるが、茶室に足を一歩、踏み入れる際に、右足から踏み入れるか、左足から踏み入れるかで、その後の所作の連続の後に、最終的に所作が噛み合わなくなることがある。茶室は、右利きを主とする勝手と、左利きを主とする逆勝手というふたつの勝手があり、茶室の空間の炉の向きや畳の敷き方からその違いを見ることもできる。図2.1.1は回転寿司レストランを上部方向から見たときの平面パース図となる。世界中のほとんどの回転寿司レストランは、見て右側から左側に寿司皿が回転している。これは、世界中の多くの人が右側に箸をもつことから、左手で寿司皿をキャッチしやすいようにとの配慮でもある。右側からやってくる野球のボールを、右手でキャッチするよりも、左手でキャッチする方が、容易く、また、確実であることと同じ原理である。

2.1.2 体 型

体の骨組み、肉づき、太りぐあいなどのいわゆる体つきを指し、骨格、筋肉、皮下脂肪などで構成される身体全体の形態学的・数量的特性である。体格を身体発育という立場からみて、年齢や栄養状態を反映しているといえるが、体の発育の到達度や水準とも関係している。

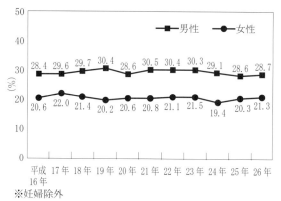

※妊婦除外

図 2.1.2　肥満者（BMI ≧ 25kg/m² の割合の年次推移（20 歳以上）（平成 16 ～ 26 年）

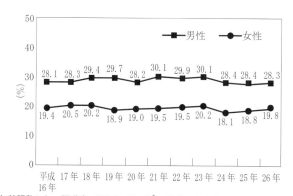

図 2.1.3　年齢調整した、肥満者（BMI ≧ 25kg/m² の割合の年次推移（20 歳以上）（平成 16 ～ 26 年）

肥満の判定：BMI(Body Mass Index(kg/m²)、体重 (kg)/(身長 (mℓ))² を用いて判定
（日本肥満学会肥満症診断基準検討委員会 2011 年）

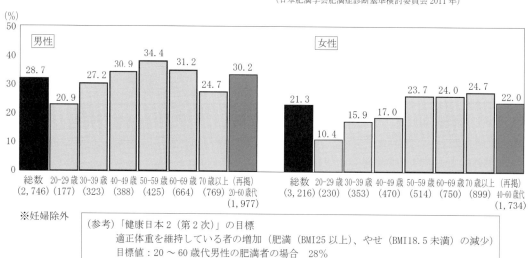

※妊婦除外

(参考)「健康日本 2（第 2 次）」の目標
　　適正体重を維持している者の増加（肥満（BMI25 以上）、やせ（BMI18.5 未満）の減少）
　　目標値：20 ～ 60 歳代男性の肥満者の場合　28％
　　　　　　40 ～ 60 歳代女性の肥満者の場合　19％

図 2.1.4　肥満者（BMI ≧ 25kg/m² の割合（20 歳以上、性・年齢階級別）　　（厚生労働省 2014 年国民健康・栄養調査結果より）

(1) 体格を表す尺度

痩せていたり、少しふっくらしていたり、特定の部位が高かったり低かったりと、体格を気にする人がとても多い。以前は、身体測定では、家庭でも測定することが容易な身長と体重を基本としつつ、病院等で詳細に測定する中で、胸囲や座高、上肢長、下肢長、皮下脂肪厚なども測定されてきた。体格は、こうした、身長、体重、胸囲、座高、上肢長、下肢長、皮下脂肪厚のそれぞれの測定値の他の測定値との、絶対値と絶対値の比率を算出することで体格を示すことが多かった。特に、身長、体重、胸囲、座高の四つの指標の比率を用いて、人体の全体の体格が痩せ気味であるのか、太り気味であるのかの指標となり得た。また、この四つの指標は、人体の外的寸法を示すだけでなく、人体の内部の臓器等の状態にも関連が深いことから、人間の生命の健康を勘案する上で、比較的、一般の人々の中でも親しまれた指標となっていた。最近では、身長を入力しておいた体重計を用いると、足元から人体への通電反応によって、人体内の脂肪率を測定し、身長と体重のみからの肥満率の測定ではない測定方法をとる体重計が一般の市場で広く流通している。

$$BMI = 体重（キロ）／（身長（メートル））^2$$

BMI ≧ 40　　　　　肥満4度
40 > BMI ≧ 35　　　肥満3度
35 > BMI ≧ 30　　　肥満2度
30 > BMI ≧ 25　　　肥満1度
25 > BMI ≧ 18.5　　普通体重
18.5 > BMI　　　　　低体重

図2.1.4　体格指数BMIの計算式

(2) 年代別の体型の特性

人の体型は、千差万別である。どういった体型を理想的としているかも、その人の考え方によって千差万別である。ただし、若年層のときの体型を、ほとんど変わらずにそのまま老年層のときの体型へ維持しようとすることは、自然の状態ではなかなか難しい。人体の発達は、生まれてきてから概ね、成人式を迎える頃までであり、その後は、少しずつ、筋肉量も脂肪量も変化してくる。筋肉量は、人体のトレーニングを重ねることで、歳を経ても、全体の骨と筋肉の結びつきを強固なものとして維持することが可能となる。脂肪量も、人体のトレーニングを重ねることで、歳を経ても、一定の脂肪量を保ちつつ、それ以上でもそれ以下でもない、自分に理想的な体型をたもつことができる。しかし、自然の状態では、筋肉と脂肪のバランスは変化していくので、例えば、老年期を迎えるに従って筋力が衰え、背中が前のめりになってくることも、あくまで自然な状況として起きることとなる。生活に無理のないように建築空間を考えることが大切である。

また、前述のように成人式を迎えるころが体の能力のピークとすれば、体の動きを司る脳の成長は成人式を迎えたからといって、その後で力が落ちていくわけではない。そのため、体の動きと脳の感覚に誤差が生じることもある。

(3) 男女別の体位の特性

男性は女性よりも筋肉量が一般的に多く、女性は男性よりも筋肉量が一般的に少ない。男性は女性よりも体脂肪率が一般的に低く、女性は男性よりも体脂肪率が一般的に高い。こうした違いが男性と女性の日常的な体位の違いに特性としてあらわれてくる。体の組成の違いがどのように生活の行為として違いが生じるかという点は、日常生活の中ではなかなか明確な違いとしては認識しづらいが、例えば、スポーツ競技等でボールを投げる動きをする際、男性と女性の体全体の動かし方に違いが生じる。筋肉量が比較的多い男性の選手は、人体の先端のほうにある手先や、足首に力をかけてボールに回転をかけたりスピードを上げたりする。

一方、女性の選手は、体の一部に集中的に負荷をかけることなく、体全体で遠方にボールを投げたり狙いを定めたりする。こうして見ていくことで、日常生活の中の男女別の体位の特性として見えてくることも少なくない。

(4) 体位が活かされ所作と一体となった空間

バリアフリー化が進むにつれ、前述までの年代や性別といった体格による体位の違いをインテリアや家具のデザインに大きく活かしていくことが増えてきている。こうした違いを認めることが、バリアフリーの基本的な考え方といえる。

2.1.3 着 衣

　人間は日常的に衣服をまとう。生活の行為や季節の変動に合わせて着衣する服の質や量を調整している。着衣は衣食住の三つの要素のうちのひとつである。人間を他の動物との違いとして考えていく上で、着衣という行為は、人間が培ってきたひとつの文化的活動という意味から、その地域やその気候に合わせて文化的側面を有する建築的活動と関連の深い分野である。

図2.1.5　衣揮衣裳姿の古代人 1,2 は豪族社会の男女、3,4 が中流、5,6 が働く庶民社会の男女を想定

(後藤守一著　衣服の歴史　河出書房 1955 年)

(1) 着衣を表す尺度

夏にTシャツ1枚で涼しく生活を送ることもあれば、冬に3枚か4枚の服を着て寒さをしのぐこともある。建築においても、夏に窓を全部開けて涼しく保ったり、冬に窓を全部閉めて暖かく保ったりすることがある。暖房をつけるくらいなら、カーディガンを1枚着ることで近い快適性を保つこともできる。最近では夏に公務員の人も会社員の人もクールビズということで、首もとのネクタイを緩めて涼しさを保とうとする流れもある。首もとを緩めるだけでも随分と暑さを軽減できるように、着衣の仕方と人間の温熱環境にはとても強い関連がある。こうした着衣の違いを表す尺度としては、気温21.2℃、相対湿度50%、気流0.1m/sの室内で着席安静の状態にしている標準男子の被服者が、平均皮膚温33°を維持できるのに必要な被服の熱絶縁値と規定されている着衣量（単位：clo）があり、建築でも活用されている。現在では、吸湿性・速乾性や接触冷感など、着衣量の尺度だけでは計測できない性能を合わせもつ服の素材も数多く開発され、新しい温熱環境要素を作りだしており、衣服の影響も大きくなっている。

(2) 着衣の歴史

古代のギリシャでは、人々は一枚布を身体に纏った。弥生時代の日本では、人々は、貫頭衣と呼ばれる中央に穴を開けた広布に頭を通して身に纏って生活していた。共に平面的な布や織物をそのままの面の状態を活かして使用することが主流であった。その後、日本では直線的な反物の形状をよりそのまま活かしつつ、おはしょりや肩上げ、縫い直すことで様々な体型の人にあうようにリサイクできたり、収納しやすいよう同じ形状に折りたためたりできる着物が主流となった。ヨーロッパでは立体的な裁断方法や裁縫方法が応用されていき、ズボンやスカートなど様々な形状や、伸縮するニットなど、多様な身体の形状にあう立体的な着衣が発達してきた。どの国でも、その風土や文化にあった素材で衣服は仕立てられてきた。また、着衣の色や金糸などで、身分や階級を表すことも多くあった。金色や赤色や白色といった比較的明るい色は、身分や階級の上で上位や中位のある特定の役割を担う際に使用されることが多い。現代よりも通信手段が限られていた中世までは特に、見た時の視覚的な印象が人々に対するその人の身分や階級を示すことでもある。戦いの場面では、より大きく、より強く見せることも大切であったため、ひとつひとつの服飾の要素が大胆に用いられることが多かった。国や街を支配するような権力者の服としては、どちらかというと、とてもたくさんの職種の住人がいることもたとえ、多くの人手がかかった細やかでとても多くの技巧を凝らした服飾デザインが用いられることが多い。その国やその街の文化の深さや産業の深さを表象するという点からも、建築のファサードに関係するような文化的で人為的なその社会の表れとも言える。

(3) 現代的な着衣

明治維新以降、近代化の波に乗って、日本人も立体的な着衣を身につけるようになり、洋服が一般的となった。それから二十世紀近くが経った現在では、ある組織であることを示す制服を除き、文化や地位や生地の産地に関わらず、気候や季節の変動にあわせた洋服を着るのが一般的となった。世界中に、各国を代表するようなファストブランドの店舗がたちならび、いつでもどこでも同じものが手に入るように、地球全体での着衣の文化の共通化が進んでいる。その地域で仕立てあげられた服を着る機会は日常的にほとんどなくなったと言っても過言ではない。一方で、建築は、できるだけ建築する場所に近いところから建築の材料を仕入れ、服飾よりも地域性が現れやすい傾向にある。

(4) 着衣のように環境に呼応する建築

地球温暖化が進み、省エネが叫ばれる中、季節に応じて建築物の表層を変化させて、内部に快適な熱環境を生み出すことを模索している建築家がいる。

例えば、冬場には落葉する植物を使用した壁面緑化や、通気層の開閉により空気層の熱環境を変化させるダブルスキンなどがある。ロンドン市庁舎では、南の直射日光の影響を最小限にしつつ、北側の吹抜けから日光の明るさを内部に注がせる形状とし、建物のゼロエネルギー化を目指している。

2.1.4 心理的領域

人は他の人たちと同じ場所に居合わせた場合、お互いの関係や状況に応じて、他の人たちとの間に一定の距離をおく行動をとる（図2.1.6）。この際の距離帯について、エドワード・ホール（E.T.Hall）は、プロクセミクス（proxemics）と名付け、行動観察から、対人距離とコミュニケーションとを対応させて分類し、「密接距離（0-45cm）」、「個体距離（45-120cm）」、「社会距離（120-350cm）」、「公衆距離（350cm以上）」の4つの距離帯を提案し（図2.1.7）、この距離帯は、文化によっても異なり、目には見えない秩序が存在すると解説している。

(1) 居方

リビングでの家族の居方を見ると、親密な会話や団らんの場面では、直径1.5mの輪の中でおこなわれており、LDKといった連続性がある空間では、多人数の会話や何気ないつながりの場面が見られ、これらは3mの輪の中でおこなわれている。つまり、人は居合わせた人たちとの会話やコミュケーションの内容によって自然と距離帯を測っている。このことからも、居住空間の設計では、そこでの行為や場面を想定し、利用者がとると考えられる距離帯が自然ととれる設えが必要となる。

(2) パーソナルスペース

パーソナルスペースという概念は、ロバート・ソマー（R.Sommer）によって、「身体を取り囲む他者に侵入されたくない目には見えない領域である」と定義されている。パーソナルスペースは同心円的ではなく、身体の前方向に広く、後方向に狭くなり、異方性を持っている。他にも、パーソナルスペースの特性を整理すると、まず、人は常に自身の周りにパーソナルスペースを持ち運んでおり、常に身体の周囲にあることが特徴で、テリトリーとは明確に異なる。次にパーソナルスペースは、目には見えない領域と言われるように、明確な境界線で表示できるものではなく、曖昧な領域線であると考えられる。また、状況や相手によって変化する可能性もある。

図2.1.6 人と人との距離／六本木ヒルズ

(3) 指示代名詞領域

建築計画的研究では、橋本都子、西出和彦（2002）らによって、指示代名詞「コレ・ソレ・アレ」を用いた指示代名詞領域の実験的な研究がおこなわれており、指示代名詞「コレ」で指示する領域（コレ領域）は、パーソナルスペースの領域概念とも近いことも検証されており（図2.1.8）、また、橋本雅好、西出和彦（2002）らは、コレ領域は身体の動作域との関連性が高く、姿勢によっても指示代名詞領域に変化が見られることを明らかにしている（図2.1.9）。

(4) ソシオペタル・ソシオフーガル

パーソナルスペースや対人距離とコミュニケーションの関係を建築計画に応用する際には、建築を設計するための情報として考えることが可能である。例えば、図書館や空港、飲食店などの公共空間での着席場面やオフィスや学校の家具配置には、ソシオペタルとソシオフーガルという概念が役立つ。ソシオペタルとソシオフーガルとは、ハンフリー・オズモンド（H.Osmond）が提唱したもので、社会的な相互関係行動を促進する配置をソシオペタルとし、逆に、社会的な相互関係行動を抑制する配置をソシオフーガルとした。具体的には、内向きの囲み型の家具がソシオペタルな家具配置であり、外向きのベンチはソシオフーガルな家具配置となる。アントニオ・ガウディ（A. Gaudi）が設計したグエル公園の広場にあるベンチは、凹の部分はソシオペタル、凸の部分はソシオフーガルとなっており、状況や場面に応じた行動をとることができる広場となっている（図2.1.10）。

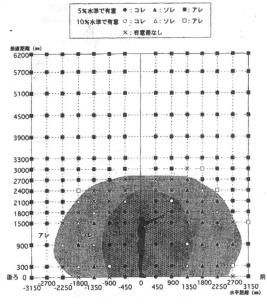

図2.1.8　指示代名詞領域（立位）
（出典：橋本都子、西出和彦）

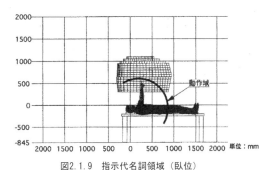

図2.1.9　指示代名詞領域（臥位）
（出典：橋本雅好、西出和彦）

図2.1.7　エドワード・ホールのプロクセミクス（出典：E.T.Hall）

図2.1.10　グエル公園のベンチ（出典：A.Gaudi）

2.1.5 情報を感じて想像する

ある空間を体験して「あれ、この空間来たことあるような気がする」や、ある建築を見て「なんかこの環境にうまくはまってるなぁ」と感じることがある。環境に存在する様々なもの、物質、場所、事象などは、必ずアフォーダンスを備えている（図2.1.11）。

(1) アフォーダンス

アフォーダンス（affordance）とは、知覚心理学者のジェームス・J・ギブソンが提唱した造語（アフォード（afford）「〜を与える」という意味の動詞を名詞化したもの）で、環境が人間に提供する意味／価値といった情報と定義づけられ、生態心理学の主要な概念である。例えば、傾斜や凹凸が少なく堅い表面は、立ったり歩いたりすることをアフォードするが、断崖絶壁や水面は、歩行をアフォードしない。アフォーダンスは「印象」や「知識」といった主観的なものと考えられやすいが、これは誤解であり、アフォーダンスは客観的な「意味」や「価値」といった情報である。この建築が「風雨を凌げるか」、「居住できるか」といった「価値」を決めるのは、そこに「住みたいか住みたくないか」といった「印象」に関わりなく、この建築がもつ性質で決まる。つまり、その場がきれいであろうが汚かろうが、屋根があれば「雨を凌ぐ」という行為をアフォードしている。

(2) 傘立てのデザイン

工業デザイナーの深澤直人は、自然な行為を傘立てのデザイン（図2.1.12）に生かした事例を示して多様性のデザインについて解説している。雨が降った日に建物内に入り、傘立てがなかった場合、ほとんどの人は傘の先端を床面の目地に引っかけて立てる行為をおこなう。これは傘が滑って倒れないようにという考えから発生した行為で、この環境の下で探索し見つけたアフォーダンスが「目地」であったということになる。この自然な行為を見出すことができれば、壁面から少し離れた床面に目地と同様の溝を掘ることで、無意識にそこに傘を立てる行為が想像できる。傘を立てた人にとって床面に掘られ

図2.1.11　環境に存在するアフォーダンス

た溝がデザインされた傘立てであるという意識はないだろう。つまり、ユーザーはデザインされたという意識を持たずに目的が達成でき、デザイナーは傘立てをデザインしたことになる。このようなユーザーの無意識の中でデザインがはめ込まれていることが、アフォーダンスとデザインの関係を考慮したデザインといえる。デザインによって人間の行為を規定するのではなく、主たる機能を満たしながらも多様なアフォーダンスをピックアップできるということがいいデザインなのである。

(3) 情報のピックアップ

岡来夢・橋本雅好がおこなった「痕跡」という情報をピックアップできた事例に対する「痕跡」が生成された要素の作為性に関する調査の結果（図2.1.13）では、【file.06 枯山水】のような意図して「痕跡」をデザイン要素にした事例については、作為的と感じ、一方で、【file.80 看板の汚れ】のような長い時間を経て蓄積・生成された「痕跡」については、不作為的に感じていた。そんな中、【file.01 雪の中にできた道】のような「痕跡」は、作為的／不作為的に評価が分かれた。道の先にある駅に向かうといった目的を達成するための行為の中で、無意識におこなった経路探索という行為が、その環境に本当に必要な経路を表出させた（デザインした）と感じたことが想像できる。

(4) アフォーダンスと設計の関係

設計するということは、空間／建築そのものの意味／価値を創ることであり、設計の仕方によっては、人間にとって有益なアフォーダンスを創ることができる一方で、不要なアフォーダンスを創ることにもなりかねない。建築家は「この角度から見るのが美しい」、「こんな風に使ってほしい」といった願望を持っており、これにユーザーも同調することが多い。言い換えると、建築家もユーザーもいい設計ということは、主観的な「印象」や「知識」に影響を与える刺激を創ることと思い込んでいるといえる。

アフォーダンスと設計の関係を明らかにすることは、多様なもの、物質、場所、事象などが存在する環境において、視覚・嗅覚・味覚・触覚・聴覚といった五感を駆使した人間の無意識の行為との関連性を定義づけることであり、難しい部分もある。しかし、環境に空間／建築を設計する上では、避けては通れない課題である。アフォーダンスをテーマにするということは、潜在的な可能性が無限に広がっている環境を眺める中で、人間の無意識の行為を意識し、多くのアフォーダンスを抽出することが大切である。

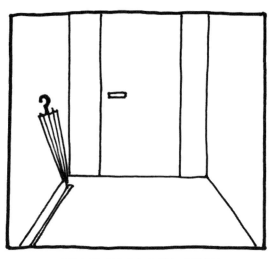

図2.1.12　目地傘立て（出典：深澤直人）

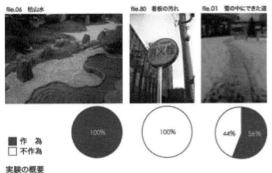

図2.1.13　「傷跡」の生成要素と作為性の関係

（出典：岡来夢・橋本雅好）

2.2 生活を感じる／知る／考える

2.2.1 家　族

　家族とは、共に居住することを通して日常的に共同生活を営む親族による集団を指す。さらには、生む、生まれるの関係の繋がりの中から生じた親と子という絆、そうしたものによって繋がっている血縁集団を基礎とした小規模な共同体を指すこともある。同じ家屋に居住する血縁集団に限定して使う場合もある一方で、現代日本では直系親族を中心とする単家族のことを指す場合もある。

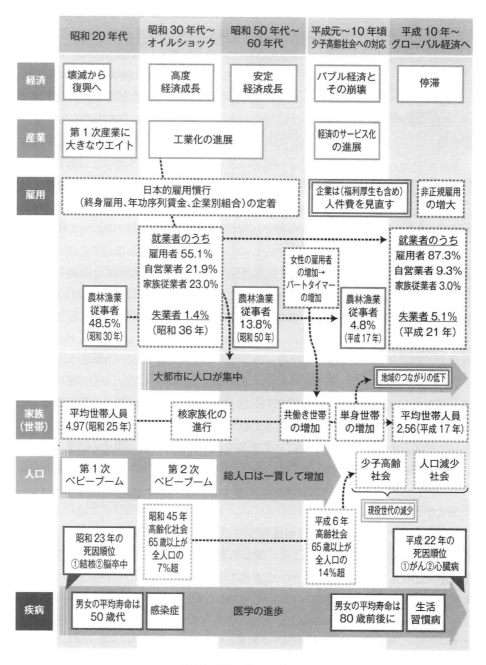

図 2.2.1　戦後の暮らしの変化

（平成 23 年度版厚生労働白書）

(1) 家族の定義の多様化

　血縁関係や近親関係を基本に構成された共に居住する集まりを、家族、または、世帯と呼ぶ。このような最小限の共同居住の集団は、個別家族や基本家族と名づけられてきたが、現代に近づくにつれて、それまでの家族の概念では捉えることができない概念が次第に広がってきた。例えば、G. P. マードックが提唱した核家族の名称が広く用いられているように、家族の定義はより具体的な関係を示すことも多くなってきており、その時代毎の社会性に呼応するかたちで多様に変容した。

(2) 大家族と核家族

　両親と子どものみではなく、親世帯と子世帯と孫といった三代を超えての同居、また、主たる世帯主の兄弟の世帯が同居するなど、少なくない家族が共に共同生活を営む場合を、大家族と呼ぶ。古くは、三世代以上の同居や兄弟関係の世帯が同居することも多かったこともあり、全国的に大家族での共同生活を営むケースが多くあった。そうした中、近現代化が進むにつれて、特に都市化が進んだ地域では、地方から都心部へ人口流入していった結果として、成人後に、親世帯を離れてのひとり暮らしや子世帯のみでの同居が急増してきた。地域性も家族の多様化に影響しており、大都市圏の中でも、東京首都圏や大阪都市圏に比べて、名古屋都市圏では大家族での共同生活を営むケースの数が比較的減少していない独特な地域である。代々、受け継ぐ仕事に就く世代間の関係が、こうした大家族での共同生活を残している要因ともいわれている。

　一方で、夫婦のみの同居、夫婦のみと未婚の子のみの同居、もしくは、父親か母親のいずれかと未婚の子のみの同居を核家族と呼ぶ。日本では、明治時代から大正時代にかけての近代化の過程で急増し、核家族の割合は大正時代に半数を超えた。その後も、出稼ぎの業務形態の急増、全国各地に支店をもつ経営形態による転勤の急増、晩婚化、少子高齢化の影響などを経て、核家族の割合は今でも少しずつ増加している。

(3) 現代的な家族関係の形成

　夫婦が共働きでありつつ、子どもを意図的につくらない考えの家族のことを、DINKs (Double Income No Kids) という。世帯主である夫婦が、自分たちの後継ぎに関することよりも、自分たちの人生の目標や個人の趣味に関することに重きをおく家族である。世界各国のDINKsの割合は、その国の中でも首都圏で急増しているといわれている。一方で、夫婦が共働きでありつつ、子どもをもつ家族のことを、DEWKs (Double Employed With Kids) という。もちろん、子育てに関わる出費も少なくない中で、世帯主である夫婦が子や孫を育成することで、自身が高齢を迎えたときにも子や孫からのサポートなどを受けやすい家族である。

　そうした中で、昨今、家族についての、日常的に共同生活を営むという定義を拡大解釈した概念が広がりをみせている。ひとつが、シェアハウスに代表される、一切の血縁関係や近親関係をもたない上、もともと知り合いというわけではなかった人間同士が日常的に共同生活を営む居住の仕方である。

　また、家単位での居住の概念を超えて、まちレベルでの日常的な共同生活の概念をコンセプトに、まちづくりを司る拠点施設を積極的に稼働させようとするNPOの活動も盛んである。後継ぎを考えない20代から30代の若者が集まる首都圏や大都市圏の状況を逆手にとって、まちとしての家族のような理想的なコミュニティを形成していく事例がみられる。

　住人が高齢者ばかりでは、まちとしての発展の可能性が小さいことから、現代的な共同生活という意味で、ひとつの新しい家族関係の形成ともいえる。

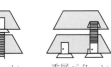

連棟パターン　　重層パターン　　重層パターン
　　　　　　　（外部行き来型）（内部行き来型）

図2.2.4　独立二世帯の縦と横、どっちで分ける
（松本吉彦著　二世帯住宅という選択　2013年　平凡社）

2.2.2 人 生

　人が生まれて、そして、人生を全うするまでには、冠婚葬祭といった儀礼に代表されるように、成長にあわせていくつもの節目がある。生活環境の向上などの要因により、平均寿命も次第に伸びている中で、特に住宅の設計においては、生まれて、成長して、齢を重ねて、人生を終えるまでの価値観を共有し、未来を見据えた設計として反映していくことが望まれる。

図 2.2.3 「心のノート」の食卓風景

（文部科学省「心のノート中学校版」 2002 年）

重野安繹「尋常小學校修身」
（1882. 明治 25）

小山左文二・古山榮三郎「修身教本尋常小学校用」（1901. 明治 34）

文部省「尋常小學修身」
（1905. 明治 38）

図 2.2.4　修身教科書の食卓風景

（文部省　修身教本尋常小学校 1901 年、尋常小学校修身　1905）

(1) 冠としての成人

現代では20歳が成人を迎える年齢だが、古くは15歳が子どもから大人への節目とされてきた。冠婚葬祭における成人を迎えるまでの冠にいたる時期は、身体面においても精神面においても、赤子から大人への大きな成長と変化がみられる。2年ごとにとりおこなう七五三の儀礼は、もともとは、乳幼児の死亡率においての留意すべき年齢であったことから、古くは厄年ととらえられていた時代があった。そうした人生の中で留意すべき節目の歳に、家族間で儀礼を共有することで、それ以降の末永い健勝を祈念するとともに、人生の節目への意識的な注意喚起を意味していた。

図2.2.6 七五三
（互助会保証㈱　一般社団法人全日本冠婚葬祭互助協会
冠婚葬祭の歴史より）

(2) 婚としての結婚

現代では、伝統的な法律婚に限らず、事実婚、さらには、同性婚なども次第に社会の中で認められつつあり、その事例も増加の一途を辿っている。古くは、婚姻の相手を選ぶ際も、家長の考えに従って、血縁や近隣のコミュニティの中から、本人の意志よりも、家族や地域の長い存続を大きな目的として、結婚の儀礼が執りおこなわれていた。そして、新郎と新婦のこれからの無事な繁栄を祈念するため、家族や地域の属性のひとつである風習や信教に則った強い縁故が参集して、その披露を兼ねて結婚の儀礼が催された。一方、現代では、強い縁故というよりも、より日常的な繋がりである縁故以外の恩人や友人を招いての儀礼が増えている。

(3) 葬としての葬式

日本では、2005年、死亡率が出生率をはじめて上回ったことにより、人口減少がはじまった。古くは、自宅で葬式の儀礼を執りおこなうことが一般的であったが、現代では、少子高齢化社会の流れにも大きく影響を受け、葬祭場が都市の中心部にまで増えてきている。いわば、古くは、婚と同様に、強い縁故による葬式の儀礼が開かれていたのに対して、現代では、葬儀サービスの業者による一大サービス産業にも発展するほど、葬式の儀礼と空間は極めて多様化が進んでいる。葬の段階では、当事者は行為を営むことができないため、事前に生前契約サービスやエンディングノートの執筆など、自分自身で人生の最後までを人生設計に組みこみたいという傾向が高まっている。

(4) 祭としての法事

現在、99.9パーセントが火葬である日本も、実は、江戸時代までは土葬が9割以上であり、土を被せておく程度の土葬も多かった中で、明治民法で規制された衛生観念の浸透により、大正時代から昭和時代へ移行するときに、火葬が土葬を上回った。

特に第二次世界大戦後には、社会と都市の急速な発展により、出稼ぎの業務形態が急増する中で、死後は、自身の故郷へもどって、墓に入るという流れが強くなり、〇〇〇家の墓という墓銘が増加した。現代では、故郷の墓に入るという概念自体が弱くなってきたことから、共同墓地の利用、風葬、樹木葬、散骨葬といった特定の属性におさまることを避けた葬式の儀礼が次第に増えている。

図2.2.9 法事の空間の例
（互助会保証㈱　一般社団法人全日本冠婚葬祭互助協会
冠婚葬祭の歴史より）

2.2.3 利己性と利他性

　自己と他者との関係の中で、自己の利益を優先する利己性と、他者の利益を優先する利他性という、思考の方向性が異なる概念が存在する。意外にも、日常的な人々の都市や社会での生活の中に存在する概念で、どちらか一方のみでは生物や社会としては滅亡してしまう。よって、その両者を如何に都市や建築に適用していくかは古くから設計の根底に反映されている。

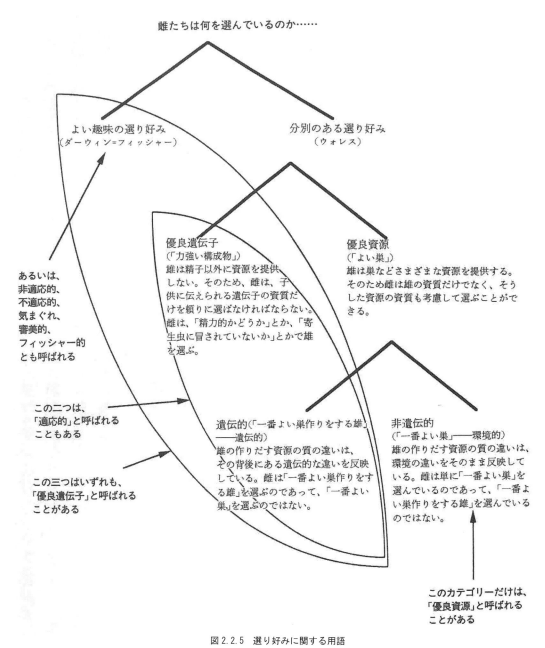

図2.2.5　選り好みに関する用語
(ヘレナ・クローニング著　性選択と利他行動　1994年　工作舎)

(1) 利己性と利他性

都市や社会においての日常的な人々の営みの中に常に存在する利己性と利他性の関係は、非日常な状況で、より顕著にあらわれた。2011年3月の東日本大震災では、被災した東日本にて、一時的に物資が極めて不足する状況となった。資材も不足したし、食材も不足した。特に、被災後の数日間から数週間は、食料と水が不足し、新聞やテレビからも毎日のように報道されていた。

そうした中、報道で状況を知った東日本以外の地域では、特に保存食とペットボトルの飲料水がスーパーマーケットやコンビニからあっという間に消えてしまった。東日本大震災の被災状況を知った東日本以外の地域の人々は、その千年に一度とも言われる巨大な震災が日本で発生したことをうけて、近くのスーパーマーケットやコンビニで、保存用非常食を目的に商品をこぞって購入した。そうした東日本以外の地域でのいわゆる買い占めは、万が一、自分の住む地域に明日にでも同じような大地震が発生したときのことを想定しており、現実に被災した東日本への物資供給とは直接的に関わりが深くない行動であるため、直接的に利己性とつながるわけではないが、こうした中、東日本では、異なる状況が起きていた。

避難所にて近隣の人々と共に身をよせて、数日から数ヶ月もの間、避難生活を余儀なくされる中で、避難所での配給の際に、行政機関や支援団体から、ひとりあたり、おにぎりを2つか3つ受けとると、そのうちの1つを、親族とは限らない自分のまわりにいる人に渡す行動をした人が少なくなかった。食料も水も不足した状況が続く中で、少しでも自分の食料も水も確保しておきたいところかと想像するが、意外にも、自己の利益の一部を他者へ渡すという非常に不思議な選択行動を行う光景がしばしば見られた。

その2つから3つのおにぎりを全て自分のものとして消費することで、自分の欲求は十分に満たされる。

一方で、2つから3つのおにぎりのうち、1つを他者へ渡す、そしてその他者は別の機会にそのまた他者へもらった物資の一部を他の人へ渡す、という行動の根底には、互いに他者へ無償で渡し合うことによる、いざ、同じような大地震が余震としてでも発生することを想定している。2つか3つのおにぎりのうちの1つを他者へ渡して、1つか2つを自分で食すことで、仮に、食材が極めて限られていた被災後と同じ状況が発生した際に備えて、いざとなった時のために互いに助け合う、あたかも、他者へ自己の保険をかけておく判断と行動ともみられる。そうした行為には、利己主義と利他主義が共存する、日本語での「おたがいさま」という概念が生じている。

	あなたがすること	
	協力	背信
私がすること　協力	かなり良い 報酬 私はダニを取ってもらう。だが、私もあなたのダニを取るという出費をする。	非常に悪い かもの支払い 私はダニをつけたまま、あなたのダニを取るという出費をする。
私がすること　背信	非常に良い 誘惑料 私はダニを取ってもらう。だが、私はあなたのダニを取るという出費をしない。	かなり悪い 罰金 私はダニをつけたままだが、あなたのダニを取らないというささやかな慰めをえる。

図 2.2.6 鳥のダニ取りゲームでの様々な結果から私が得る報酬と支払

(リチャード・ドーキンス著　利己的な遺伝子 2006 紀伊国屋書店)

(2) 利己的行動と利他的行動

利己性と利他性による行動は、人の遺伝的で本能的な行動がもととなっている。近代化に沿って、交換可能な貨幣による競走経済の上で個々が利益を高めることを目指す例や、インターネットでの極度に波及効果を高める例などでは、利己的な思考と行動が利他的な思考と行動に優ってきた傾向が特に顕著である。建築の設計においては、ただ単にコミュニケーションや介護といった複数の人が関わる単語を並べるように計画するのではなく、誰のための、何を目的とした、どういった、というような、複数の人の具体的な自助と共助と互助の関係を想定して、その建築設計だからこその空間を想定していくことで、ただ単語が割りふられた建築設計とはならず、非常に具体的な社会性をもった建築設計となっていくと思われる。

第3章　発想する／エスキス

第3章では形態をつくり出す前の段階として、空間の原理や法則性を学び、設計を進める際のヒントにする

3.1 彩る

3.1.1 スケール・比例

写真 3.1.1　砂丘（鳥取）

　砂丘の砂山と公園の砂山は、どちらも砂がその領域を示しているが、我々はこのスケールの違いによって全く異なる感情を抱く。古くから人間は、このスケールの大きさを、象徴や権力を誇示するための道具のひとつとして使ってきた。この欲望が建築技術を発展させ、巨大な空間を獲得するに至ったとも言える。また、スケールは比較する対象と密接な関係があり、例えば、開口のサイズの違いが、迎える側と迎えられる側の心理的立場に微妙な変化を与え、一方を強めたり、弱めたりする。これらはヒューマンスケールと呼ばれ、人体寸法や動作寸法などすべて「人」のサイズが基本となり、空間のあり方を考える上でヒントとなり得る。さらに数比に基づいて体系化すれば比例となり、建物全体に与える印象やスケール感を調整する手法として、多くの建築家によって多様に応用されてきた。

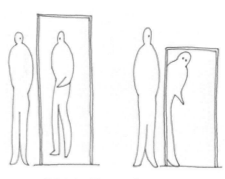

図 3.1.1　開口サイズと振る舞い

写真 3.1.2　比率（パルテノン神殿）

写真 3.1.3　水平・垂直（バルセロナ・パビリオン）

① 比例・比率の関係に基づき構成された建築は美しい。それが古代ギリシャ時代の建築に魅かれる理由かもしれない。なお、これら比例・比率の根源は、われわれの人体寸法に見出すことができる。

図 3.1.2　モジュロール

② 厳格な比率に基づいてはいないが、屋根、壁、床、柱などの基本的な建築部位の構成バランス、水平・垂直をそろえることは、建築の美しさにつながる。さらに仕上げ材の目地割りや連続性などにまで気を配ることができれば、美しさはより強化されるだろう。逆に考えれば、こうした建材のモジュールから建物の大きさや形を考えることも可能である

写真 3.1.4　自然界の比率（ツリートップウォークウェイ）

写真 3.1.5　スケール（ガレリア）

③ 自然界の現象から黄金比（近似値 1:1.618）やフィボナッチ数列 (0, 1, 1, 2, 3, 5, 13, 21, 34 …) といった比率を見つけることができる。これらを逆に応用すれば、自然環境に溶け込む建築をつくり出すことができるかもしれない。写真のような一見複雑に見えるブリッジの小梁や手摺子などの架工法も説明がつく。

④ 高さ、広がり、気積、軸線、いずれもそれらスケールを驚異的に拡大させることで、強い力を誇示することができる。小さなものから大きなものまで、機能や形態にかかわらず並べることで見えてくるものもある。

図 3.1.3　S, M, L, XL

3.1　彩る　35

3.1.2 幾何学

写真 3.1.6　ファサードのデザイン

　幾何学の要素には、直線、円、正方形、三角形、そしてそれらの三次元形態である球や円すい、立方体、三角すいなどさまざまあり、古代から現代に至るまで、建築家が建物をデザインする際の言語として多用されてきた。その姿からは、美しさや秩序、明快さが感じられ、建物の配置や平面、断面、ディテールに至るまで、デザインする際のヒントとなる。

　また観点を変えれば、人々の社会的な相互関係から発生する幾何学も考えられる。例えば、ワークショップにおいて円形パターンを用いたとすると、ファシリテーターと参加者との関係は、公平な立場となりフラットな関係が作れる。お互いの顔が良く見えると同時に、意識決定の際にもお互いを尊重し合う心が芽生えるかもしれない。逆にボクシングのリングのように、正方形のコーナー部分をプラットフォームとすることで、対角線上の空間に対峙的な関係が生まれたりする。

図 3.1.4　車座

写真 3.1.7　正三角形（ルーブル美術館）

写真 3.1.8　模様（アラブ世界研究所）

① 正三角形は最も変形し難く、一番安定した形です。構造的強度だけでなく、精神的象徴性も併せ持つ。人体に置き換えても、ヨガの基本の座り方は、体を正三角形にして安定させる座り方。

図 3.1.5　基本姿勢

② 過去には、線や記号、幾何学的な模様やパターンで構成されたデザインが流行し、建築の世界でも多用されてきた歴史がある。記号性も具備するため、ファサードなどに用いることで、間接的にメッセージを発信することも可能である。日本の柄としても古くから使われ、日本人の美意識にもフィットするかもしれない。

写真 3.1.9　ドーム（エデンプロジェクト）

写真 3.1.10　自由曲線（タイルデザイン）

③ 幾何学をつなげてできる多面体は、自立した空間を構築することが可能である。この幾何学を理知的にコントロールすれば、構造体自身が建築デザインになりうる。バックミンスター・フラーによる正三角形の格子を二重に重ねた部材で構築されたフラードームは広く知られているが、新素材など現代のハイテク技術を駆使すれば、新しい建築を創造できる可能性がある。

④ 優しい表情をつくり出す曲線。建築の世界で使用するには、その再現性が重要です。ローマ建築のアーチ構造、ガウディのカテナリー曲線、キンベル美術館のサイクロイド曲線など。

図 3.1.6　サイクロイド

3.1.3　反　転

写真 3.1.11　メビウスリングの不思議

　細長い紙を180度反転し、その両端を貼り付けることで、表と裏の区別がつかない「メビウスの帯」が生まれる。反転とは、位置や方向が反対になることで見方が変わることを意味し、知覚したかたちをどのように読み取るかが、デザインのヒントとなる。ゲシュタルト心理学の基本概念となっている「図」と「地」の関係は、その反転図形によって見方が変わることで知られているが、建築空間で考えるならば、例えば通路の床面がいつのまにか壁面となることで、日常生活では触れる機会の少ない錯覚感を体全体で味わうことも可能となる。都市空間で考えるならば、例えばパリの街並みは基本的に同じ高さの建物が続いていて、突出した建物は少ない。同じような建物が街並みを埋め尽くしている状況では、広場やアトリウムは際立った図形をもつ存在となる。このとき建築の外壁やエクステリアは、広場などヴォイドにとってのインテリアと考えることができる。

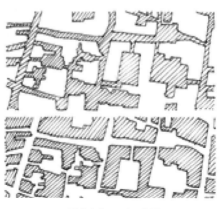

図 3.1.7　ノリの地図

写真 3.1.12　アンジュレーション（横浜大桟橋）

写真 3.1.13　二重らせん（愛知県児童総合センター）
（設計：仙田満＋環境デザイン研究所）

① 壁や床が曲面で融合した波のうねりの様な起伏をもった地形は、メビウスの輪が引き伸ばされ、さらにねじれたような動線をもつ。屋根スラブは流れるように内部へと侵入し、パブリックスペースはプライベートスペースに反転する。空間のシークエンスも反転を繰り返し、偶発的なアクティビティをあちこちで誘発するだろう。

② 一つは上り、もう一つは下りというように、相反する二つの動線を同じ場所に絡ませることで、複雑なスパイラル空間が生まれる。古典的な手法でありながら、その体験は新鮮である。

図 3.1.8
バチカン美術館

写真 3.1.14　ネガとポジ（レーモンドの窓）

写真 3.1.15　ひとつながり（エデュカトリアム）

③ 明暗が逆転する関係。この関係で模様を並べていくとシートの無駄が起こらない。デザインの基本はこの様に無駄を無くすこと。表と裏、ポジティブとネガティブ、何にでも二面性を合わせもつ。

図 3.1.9　Thouse
（設計：藤本壮介建築設計事務所）

④ 一枚のスラブが床であり壁であり天井でもあるというデザイン。それぞれの部位が本来もっていた要素や機能は一枚のスラブの中に統合される。こうした特徴は建物のエッジ部分で顕在化され、床が壁になり、壁が天井への反転する様が見てとれる。ここには、視覚的面白さ、上下の空間のつながり、場所による雰囲気の転換などが期待できるだろう。

3.1　彩る　39

3.2 つなげる

3.2.1 接点

写真3.2.1　ポルティコがもつ接続性

イタリアの都市などでしばしば見かけるポルティコは、4、5階建ての建物の足下部分を、一般の通行人に開放したアーケードのようなもの。都市スケールと建築スケール、ヒューマンスケールが出会う接点と言える。また住宅のバルコニーやレストランのテラス、店のディスプレイエリアなどは、屋内の活動と屋外の活動が隣接するエッジでもある。接点としては、異なる物事が触れ合う点であり、デザインの世界では公的空間と私的空間の間の境界域として扱うこともできる。例えば、建物の開口部と通りの設えを、デザインを通して物理的・感覚的に近づけることができれば、プライベート空間で起きるアクティビティの様子が境界を超えて街に滲み出し、その街や境界の表情に影響を与えられる。また視覚情報だけでなく、空間を漂う匂いや、耳に入ってくる音など五感で得られる情報も、公的空間と私的空間を自由に行き来し、接点としての境界域をより強く意識する要素となる。

図3.2.1　窓際の演出

写真 3.2.2　都市との接点（フランス国立図書館）

写真 3.2.3　接点の余白（ウィルソン・エアの渡り）

①　建築のファサードは都市空間との接点であり、そのスケールが大きくなればなるほど、街へのインパクトも大きくなる。例えばフランスの国立図書館では、周りの風景を映し出すガラス面と、その内側にあるルーバーのような回転パネルの組み合わせ（ダブルスキン）が、外側から見れば街の表情に変化を与える接点となり、内側から見れば光環境や熱環境を調整する接点となる。

②　接点の周りに生まれる余白は、接点自身の存在を逆に顕在化させる。例えば、2つの建物を繋ぐ渡り廊下、階高のズレをねじれで解決。また接点が複数集合すると異型の余白が生まれる。

写真 3.2.2　富弘美術館

写真 3.2.4　中間領域（竹中大工道具館）
（設計：竹中工務店設計部）

写真 3.2.5　光・影との接点（V＆A博物館）

③　古くから日本の建築においては、深い庇の下に中間領域と言える場所をつくり、大きな魅力を作り出してきた。縁側のように人が介在すれば、コミュニケーションの醸成が図られる重要な場ともなる。

図 3.2.3　縁側空間

④　光と影、その接点となる境界は「影」を規定すると同時に「光」の領域も規定している。木漏れ日が揺らぐ木陰、気持ちいい早朝の陽の光、街頭でできる自身の影、我々は無意識のうちに光や影の環境に接続し、自らの居場所としている。時間が織りなす光と影に積極的に接点をもつことを意識すれば、人の行動を促す仕掛けとしてデザインすることが可能である。

3.2.2 連続

写真 3.2.6 屈曲する道（リージェント・ストリート）

　空間を時間の連続から捉えれば、これから起こるかもしれない未来に対する期待感、起こった現実に対する興奮感、起こった過去に対する充実感という一連のストーリーが描け、デザインする際のヒントとなる。具体的な空間要素としては、カーブや屈曲した道、坂道や階段、ゲートなどが挙げられ、いずれも先の見えない空間に対する期待感を抱かせ、思ってもみなかった突然の空間体験に対する興奮感や充実感を残す。街道沿いの歴史的街並や神社仏閣の境内などでは、こうした未来・現在・過去の3局面が自然につくり出される場合もあるが、例えば、展示施設における諸室の並べ方や、商業施設の動線計画において、上記の空間要素などを使えば、意図的に時間の連続をデザインすることが可能である。さらに連続体を複数本並べれば、シークエンスは複雑となり、その交点では予期せぬ出会いや突発的なアクティビティが生まれるかもしれない。

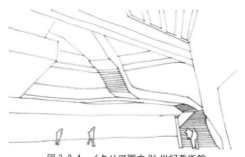

図 3.2.4　イタリア国立 21 世紀美術館

写真 3.2.7　架橋の連続（日向市駅）
（設計：内藤廣建築設計事務所））

写真 3.2.8　参道（金比羅宮）

① 柱、梁によって構成される架構とその連続体は、物理的強度を持つ他に、規則的な秩序や方向性なども併せ持つ。それらが作り出す風景は美しく、地形や周囲の環境との融和性も高い。

図 3.2.5　千本鳥居

② 古き風景を残す参道空間では、シークエンスに富んだ空間が続く。その道中は鳥居や門など象徴的要素や、石段、坂道、カーブ、折れ曲りといった地形的要素などによって構成される。連続と分節が繰り返されることで、雰囲気の異なる空間が緩やかに繋がっていく。途中、建物間の余白や木陰は、人の滞留場所となる。そして何よりも、参道には高みを目指す物語がある。

写真 3.2.9　らせん動線（潟博物館）
（設計：青木淳建築計画事務所）

写真 3.2.10　連続と非連続（ベンチ）

③ らせん動線は、機能は同じであっても周囲の環境や方向性によって、その空間体験はまるで違うものとなる。外部環境を取り込むのか、壁で閉じるのか、地上から上昇するのか、最上階から下降するのか。

図 3.2.6　NY グッケンハイム美術館

④ 同じ形態、同じ機能、同じ設えのボリュームが並ぶ。一見、連続した風景を作り出しているように見えるが、微妙な挙動が空間に歪みを与え、その場のアクティビティや振る舞いに影響を与える。人は見たこと、感じたことに基づいて行動を起こす・起こさないを決定する。このように環境が人間に働きかけ、その結果、動作や感情が生まれることをアフォーダンスという。

3.2　つなげる　　43

3.2.3 媒介（ノード）

写真 3.2.11 交差点（ロンドン・バンク）

すべての交差点はノードの可能性をもっている。媒介とは、両方の間に立って、お互いをとりもつことを意味するが、ここでは街路空間と建築のあいだに成立する幾多の関係の中から、角地における建築の振る舞いに注目してみる。交差点は街の中にあって人や自動車の動きの結節点（ノード）となり、そこに面する角地の建築は複数の道路に接するという性格上、ランドマークのような街の特異点となることが可能である。このような環境に対し、建築が何らかのかたちで対応することは、デザインする際のヒントとなる。さらに、交差点をもっと際立たせたかたちが広場であり、都市を形づくる要として、コミュニティを醸成させる役割も潜んでいることがわかる。たとえば、ベネチアのまちは、まるで迷宮のような路地で覆われている。自身の立ち位置を見失いかねない環境にあって、水路にかかる橋や広場は複雑な道筋を1点に束ねてくれるポイントであり、自然と多くの人も集まる。

図 3.2.7 サン・マルコ広場

写真 3.2.12　ウェイ・ファインディング
（サンタ・カテリーナ市場）

写真 3.2.13　待ち合わせスポット（キングスクロス駅）

① 複雑な動線をもつ空間を移動する際、大きなストレスを抱える。自分の行く場所を正しく認識できることは、大きな安心感を与えます。この観点をノードに置き換え、空間構成を統合することも可能である。

図 3.2.8　ショッピングモール吹き付け

② 結節点は多くの人が認知し、目印となる場や日常的に溜まりとなる場でもある。待ち合わせスポットや井戸端会議スポットなどにもなり易い。人の行為を誘導する仕掛けとして、デザインに応用することも可能である。

図 3.2.9　ナナちゃん人形

写真 3.2.14　ノードとランドマーク（ノッティングヒルの花屋）

写真 3.2.15　道標（Vents）

③ ノードに建つ建築はユニークでランドマークとなる可能性が高い。その際、都市スケールで捉えるのか、ヒューマンスケールで捉えるのかでデザイン要素は大きく異なる。前者はサインやファサード、後者はベンチや庇などである

図 3.2.10　フラット・アイアン・ビル

④ 結節点は多くのものや人が集まり、また散っていく場。その中央には、これら様々な動線を効率的、効果的に振り分ける仕掛けが必要となる。ここに機能とデザインを融合させる余地や必然性が生まれる。

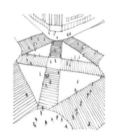

図 3.2.11　スクランブル交差点

3.3 散らばる・集まる

3.3.1 分散・集合

写真 3.3.1　丘（プリムローズヒル）

　ピクニック気分で丘に寝そべる市民たちは、なんとなくお互いに距離感をとりながら散らばりつつ、公園というひとつの場に集まっている。動物にも「なわばり」があり、人間同様に他の距離をせめぎ合いながら確保している。

　分散・集合とは、ひとやものがばらばらに分かれ散り、また一ヶ所に集まることを意味しますが、デザインの世界では、その場の環境や個々の属性等とどのように呼応しながら配置されているのか、その離散集合原理を見つけることが重要になる。例えば、バナキュラーな集落では、最初に置かれた家屋に対して、次の家屋を建てる主体の意識が存在し、さらにその次の主体が影響を受けるといった具合に、長い時間をかけて空間の関係性が自然につくられていくが、この空間を秩序立てているヒエラルキーを人為的に創造することができれば、新しい離散集合形式になるかもしれない。

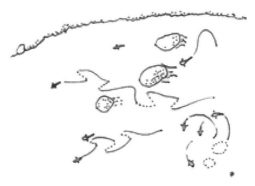

図 3.3.1　アユとなわばり

写真 3.3.2　アルプスの家畜小屋

写真 3.3.3　分散間隔（金沢 21 世紀美術館）
（設計：SANAA）

① 斜面に分散・点在する家畜小屋。季節によって牧畜範囲が変わるため、それに合わせて拠点となる小屋の配置がデザインされる。一見ランダムに見える要素も背後に規則性を内包している。

図 3.3.2　MIKIMOTO GINZA 2
（設計：伊東豊雄建築設計事務所）

② 正円の中に複数の四角形が分散配置された平面構成。展示室とその周りは図と地の関係となるが、展示室間に生じる余白スペースにも十分意識し、デザインする必要がある

図 3.3.3　図と地

写真 3.3.4　集落の形（伊根）

写真 3.3.5　集合の素形（サーペンタインギャラリー）

③ 住まいが集合した集落。その形成原理の理解がデザインのヒントとなる。船屋は、道を挟んで海側と山側の母屋で一対をなす。イギリスのタウンハウスでは、バックヤードが横に繋がり、連続空間をつくる。

図 3.3.4　タウンハウスのバックヤード

④ 集合住宅は住戸が集中して成り立つ典型。ひとつずつは単純であっても、群を成した集合体はダイナミックな操作と空間化が可能である。自然発生的なものと区別が必要であり、集まるルールが重要となる。

図 3.3.5　ハビタ 67

3.3.2 入れ子（重合）

写真 3.3.6 重合する吹き抜け（富山市ガラス美術館） （設計：隈研吾建築都市設計事務所）

　マトリョーシカ人形は、人形の中からまた人形が出てくる構造になっている。入れ子とは、それぞれが別の小さな何かを入れ込むための内部をもっていることを意味し、必ずしも外側と内側は同形である必要はなく、異なった形態の場合もあり得る。なお、入れ子に似ている型として、単純に中心を共有するだけでなく、互いが重なり合ったり、複雑に結合したりすることで生まれる重合という型もある。これらは住宅から都市に至るまで様々なスケールで作用しますが、いずれも外側と内側の間につくられる空間の扱いが極めて重要となる。たとえば、吹き抜け空間で重合という操作を使用すれば、階層で隔てら

れながらも、上下階の雰囲気や人の気配を感じることが可能となる。また同一空間を見上げる時と見下げる時では、全く異なる空間体験をさせることも可能となる。

図 3.3.6　マトリョーシカ人形

写真 3.3.7　レイヤー（ベネチア・ビエンナーレ）

写真 3.3.8　家型（ベネチア・ビエンナーレ）

① 何枚もの壁が重なることで空間をレイヤー化できる。壁に開口部が様々な大きさで開けられれば、その重なり具合に応じて、移動によって変化する眺望を演出することが可能となる。

図 3.3.7　house N
（設計：藤本壮介建築設計事務所）

② 大きな空間の中に、小さな空間を作るという形。4本の柱で入れ子状の空間を区切るだけで「家の中の家」が発生する。単純ではあるが、建築をつくる原初的なかたちとも言える。

図 3.3.8　ムーア自邸

写真 3.3.9　風景との重なり（安曇野ちひろ美術館）
（設計：内藤廣建築設計事務所）

写真 3.3.10　御堂（中尊寺金色堂）

③ 建築を周囲の環境に呼応させるデザインがある。山並みを折板屋根に映す。山の木々を列柱へ映すなど、要素に対し記号的変換を行い、建築化することも可能です。

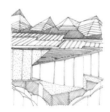

図 3.3.9　飯田市美術館
（設計：原広司＋アトリエファイ建築研究所）

④ 大切なものを物理的にも精神的にも守るため、何重にも囲い込む、入れ子構造が使われる。御堂やほこらは、その典型であろう。逆に入れ子構造を使う場合、中心に何を据えるのかが、デザイン的課題となる。

図 3.3.10　ほこら

第4章　イメージを固める／方向付けるフォーム

　第4章では建築や空間のカタチを作り上げる前の段階として、頭の中でイメージを固め、アイデアの方向付けを行うためのヒントや手順を示している。カタチを作り上げるためには、建築的な言語でもある空間のボキャブラリーを知り、五感をフルに使って空間を感じ、カタチを試し、考え、何度も繰り返すことが必要である。頭の中だけで考えるのではなく、スケッチやスタディ模型としてカタチづけ、それを見ることで次のアイデアにつなげる。建築がどのような場所に建ち、そこで展開されるアクティビティをイメージして、適切なカタチを模索する。

4.1　たてる

4.1.1　立てる

意図的に棒を地面に突き刺す、または石を置くことで、原始的な空間が形づくられる。柱が残る遺跡では、過去の建物がイメージ豊かに想起される（写真4.1.1、図4.1.1）。

1) 柱・壁

構造体としての柱や壁によって、建物が支えられる。こうした構造体の秩序が、建物全体を構築する（写真4.1.2）。

2) 遮蔽

壁をたてることにより、視線を遮り内側を守る。大きな壁面は威圧的でもあるが、一方で内側の安心感も増す（写真4.1.3）。

壁は物理的に空間を遮ることができるが、透明、半透明、不透明など壁の素材によって人に与える影響は大きく異なる。

3) 領域

地鎮祭では四隅に柱をたてることで、神聖な領域を作り出す。また、竹や鳥居などの線材が連続して立っている通路も、囲まれた心地よさを持つ空間となる（写真4.1.4）。

4) ゲート

「国境の長いトンネルを抜けると雪国であった。」は、川端康成の『雪国』の冒頭であるが、門（ゲート）は日常と非日常の境界を作り出すことができる。

ゲートを設けることで、目に見えない領域や境界を強く意識させることができる（写真4.1.5）。

写真4.1.1　フォロ・ロマーノの遺跡

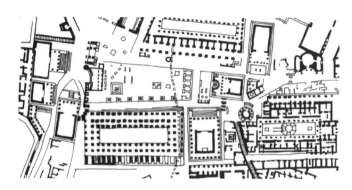

図4.1.1　フォルム・ロマヌム（フォロ・ロマーノ）の平面図

写真4.1.2　国立長崎原爆死没者追悼平和祈念館（設計：栗生総合計画事務所）

写真4.1.3　カルカソンヌの城壁

写真4.1.4　連続した鳥居（揚輝荘）

写真4.1.5　森の礼拝堂のゲート

4.1.2 覆う

人が外敵から身を守りながら生活を営むため、洞穴から出て平地で暮らすには、強い太陽の日差しを遮り、雨風をしのぐための覆いが必要であった。

シェルターとしての機能の他に、快適な生活を送るためには、地域の気候や地理的な条件に適した覆いが考えられてきた（写真4.1.6）。

1) ルーフ

小さな東屋から大空間まで、空間として利用するために床や屋根で覆う。屋根は屋内を構成するだけではなく、地面と異なる水平面を設け、屋上や外部の活動場所を作り出せる（写真4.1.7）。

2) ガレリア（アーケード）

屋外の街路に上にガラス屋根を架けることで、日光が差し込む半屋外の歩行空間を設けることができる。店舗などが立ち並ぶ商店街などで計画されることが多い（写真4.1.8）。

3) メンブレイン（膜構造）

屋根材として布などの半透明なメンブレイン（膜構造）を用いると、柔らかな光を室内に取り入れることが可能となる（図4.1.2、写真4.1.9）。

4) 地域景観

一つずつの建物の屋根は小さくとも、地域全体で同じ色や素材の屋根で覆えば、特色ある地域の景観を形成することができる（写真4.1.10）。

写真4.1.6　ウィーン郵便貯金局のガラス屋根とガラスブロック床

図4.1.2　ミュンヘンオリンピック競技場を覆うアクリル屋根

写真4.1.7　グエル公園の屋根　　写真4.1.8　ミラノのガレリア

写真4.1.9　ミュンヘンオリンピック競技場　　写真4.1.10　ローテンブルグの街並み

4.1.3 囲む

複数の柱や二面以上の壁で囲まれると、閉じた空間が形成される（図4.1.3、写真4.1.11）。

閉鎖的な空間があるからこそ、大きく開かれた開放的な空間まで、連続的に空間の階層性を認識できる。

1) 路地空間

ヨーロッパの街路はD/H比が日本に比べて大きく、少し閉鎖的であるが壁に近づきやすく親しみやすい。袋小路でなければ、奥への誘引性や期待感もある（写真4.1.12）。

2) サンクンガーデン

地面を掘り下げて設けたオープンエアーな地下広場、硬い岩盤をくり抜いて軽快な屋根で覆われた地下空間などは、4面とも壁に囲われているが、土の中に包まれている（写真4.1.13）。

3) デン・アルコーブ

広く開放的な空間だけでは、落ち着いて利用することはできず、身体サイズに即したヒューマンスケールの小さな空間も必要となる（写真4.1.14）。

こうした空間を足掛かりに、段階的に大きな空間へとゆるやかに連続してつながりを持たせたい。

4) スペース・ウィズイン・スペース

大きな空間の中に小さな空間を入れて、親しみをもって近づきやすくしている（写真4.1.15）。

内部が外部化していたり、小さな町が内部に展開していたりすることで、空間が空間を包み込む。

写真4.1.11　熊本県営保田窪団地の入居者だけが使える中庭

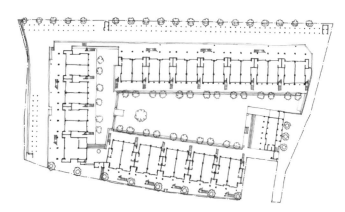

図4.1.3　熊本県営保田窪団地の1階平面図

（設計：山本理顕設計工場）

写真4.1.12　中世山岳
都市の街路

写真4.1.13　パリのフォーラム

写真4.1.14　日進市立図書館のデン
（設計：岡田新一設計事務所）

写真4.1.15　永源寺図書館のおはなし室
（設計：ロゴス総合設計事務所）

4.1.4 積む

土地を有効活用するために、空間やボリュームのあるものを積み上げることはよく行われる。しかし、積み上げるものは空間だけではない。積み上げるのは、空間を構成する建築材料かもしれないし、歴史や文化といった時間かもしれない。

1) 積層
建物を高くして単調なファサードで構成するなど建物の容積（面積）をただ増やすだけではなく、一層ずつ積みあがっている多層性を表す（写真4.1.17）。

2) 集積
積み上げるだけではなく、さまざまな情報が集まり、時間とともに蓄積されていく。集積回路や曼荼羅のパターンであったり、本などが物理的に集約されている（写真4.1.18）。

3) セットバック
後退することをセットバックというが、高くなるにつれて段々とズレて後退していくことで、空間的に広がりを持ち、リズム感を生み出す(写真4.1.19)。

4) スキップフロア
各階が階段やスロープによって、立体的に半階ずつずれて構成されることで、階と階が有機的につながる。単純に積み上げただけの構成より、豊かな空間の連続感が得られる（図4.1.4）。

5) 組み込む
部材と部材を一体的に作ることもあるが、ひとつずつの部材を組み立てて、部材の厚みや存在感をそのまま生かす（写真4.1.20）。

写真4.1.16　地層

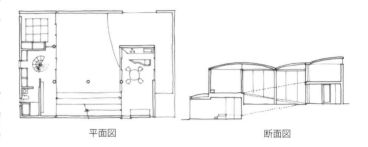

平面図　　　　　　　　断面図

図4.1.4　スキップフロアの住宅（阿品の家）

(設計：村上徹建築設計事務所)

写真4.1.17　ロイズ・オブ・ロンドン

写真4.1.18　アラブ世界研究所の外壁

写真4.1.19　熊本県営竜蛇平団地
(設計：スタジオ建築計画)

写真4.1.20　清和文楽館の木組み
(設計：石井和紘建築研究所)

4.1.5 置く

建築は敷地の上に建つため、その敷地が持つポテンシャルを最大限に引き出すように考えたい。

敷地のもつ広がりや高低差、方位や気候、周辺の様子はもちろんのこと、土地の歴史や文化も含めて建築を考えたい（写真 4.1.21）。

1) ゲニウスロキ

ゲニウスロキとは、土地に宿る地霊や守護精霊の意味であるが、悠久の時を経てそこにたたずんでいる建築もあれば、建築化することで土地のポテンシャルを可視化することもできる（写真 4.1.22）。

2) 立体街路（階段）

建物の敷地は、平たんな街中ばかりではない。周辺地域も含め敷地全体に高低差がある場合には、人々のアクティビティを立体的に捉える必要がある（写真 4.1.23）。

3) 等高線

緑豊かな高低差のある丘陵地では、敷地周辺の起伏に合わせて建物を配置したり、高低差を活かしたスキップフロアで連続した空間を計画する（図 4.1.5、写真 4.1.24）。

4) ピクチャーウィンドウ

建物の配置が概ね決まると、そこから見える景色もおのずと決まってくる。屋内でさまざまな活動が展開されるため、さまざまな場所から額縁効果を利用して、場所に応じた景色を切り取ることが可能となる（写真 4.1.25）。

写真 4.1.21 崖地に建つ三仏寺投入堂

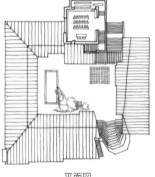 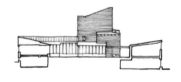

平面図　　　　　　　　断面図

図 4.1.5 セイナッツァロの村役場の平面と断面

写真 4.1.22 遷宮後の伊勢神宮　　写真 4.1.23 ローマのスペイン階段

写真 4.1.24 ラトゥーレットの修道院　　写真 4.1.25 MIHO MUSEUM
（設計：イオ・ミン・ペイーアーキテクト）

4.2 意識づける

4.2.1 象徴させる

多くの物や建物、情報に囲まれながら、生活を営んでいる。多くの人が生活を共にしている都市や地域では、集まって一緒に作業をする場所、祈りや想いを語り合える場所などが、必然的に設けられている。そうした空間は、人々に特別な想いを持って認識されている（写真4.2.1）。

1） コンテクスト

地域の歴史や文化は、長い年月を経て脈々と日常の生活と都市空間の中に受け継がれている。生活感があり、活気のある街には、暮らす人々の手あかのついた建物が使い続けられている（写真4.2.2、写真4.2.3）。

2） ランドマーク

ケヴィン・リンチは、「都市のイメージ」の中で都市を構成する重要な要素の一つとして示している。都市や地域のシンボルとして、どこからでも視認できるように計画される（写真4.2.4）。

3） 広場

小さな地区に大勢が住むには、高密な住宅と明るく開けたみんなが集まれる広場が必要である。日向ぼっこ、友人と食事やおしゃべりをするために、街のみんなが顔を出し、情報を交換する活気あるにぎわいの空間となる（写真4.2.5）。

4） 閉合による象徴

ゲシュタルト心理学におけるプレグナンツの法則の一つで、互いに閉じ合っているものは一体のものとしてひとまとまりに認識される。大規模な建築で計画されると、強いメッセージ性を持つ（図4.2.1）。

写真 4.2.1 塔の街サン・ジミニャーノ

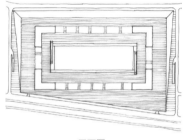

平面図　　　　　　　アイソノメトリック図

図 4.2.1 シンボリックなフランス国立図書館

写真 4.2.2 白川郷

写真 4.2.3 五箇荘の舟板塀

写真 4.2.4 カンポ広場

写真 4.2.5 ベニスのサンマルコ広場

4.2.2 留める

建物の中や街並み、公園などの中で、象徴的にまた意図的にデザインされたものに、人は目を引き付けられ、意識や関心がそのものに向けられる（写真4.2.6）。ぼんやりと眺めたり、凝視することでさまざまな思索のきっかけとなる。

1) アイストップ

歩くなど移動している人の意識を集約させ、対象物に関心を向けさせるためにまわりから突出させる（写真4.2.7）。突き出したデザインを施したサインや看板などもこうした効果を期待しているが、数が多いと目立たない。

道の真ん中にシュロ縄で結んだ石を置くだけで通行を拒否するなど、人の行動を律することもできる。

2) 間（空）

対象物だけではなく、画面全体を構成する要素のうち空白の部分を注視することで落ち着くことがある（図4.2.2、写真4.2.8）。物と物との関係性や距離感、すき間部分が主たる対象となる。

3) たたずむ

アイストップとは異なり、あまり目立たずにそっとまわりの環境と同化したように置かれることもある（写真4.2.9）。昔からそこにあったような、不思議な感覚を呼び覚ます。

4) メディテーション

祈りや瞑想、自分を見つめ直すなど、深く静かに思索を行うためのきっかけとなる空間（写真4.2.10）。

修道院で修道士たちが、歩いて思索にふけるように回廊状になった空間も計画されている。

写真4.2.6　森の火葬場へ向かうアプローチと十字架

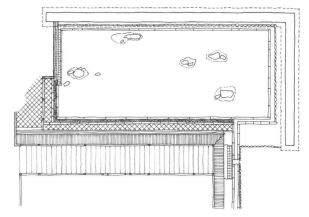

図4.2.2　龍安寺方丈庭園の平面図

（掲載許可：龍安寺）

写真4.2.7　アーヘンハートの集合住宅

写真4.2.8　龍安寺の石庭

（掲載許可：龍安寺）

写真4.2.9　森の礼拝堂

写真4.2.10　水の教会

（設計：安藤忠雄建築研究所）

4.2.3　透かす

ギーディオンの「空間・時間・建築」によると近代建築の巨匠たちは共通して、内部空間と外部空間との相互貫入を模索していたといえる。構造材料や架構方法、建材の技術進歩により、さまざまな可視化が行えるようになってくる（写真4.2.11）。

1）ピロティ

1階の床を上へ持ち上げて、柱だけで支える構造である。東アジアの温帯気候の地域では、湿気対策として高床の倉庫や住居が古くから作られていた（写真4.2.12）。ル・コルビュジェは、近代建築の5原則の一つとして提唱した。

2）内外空間の一体化

本来ならば内部空間にあるべきものが外部に置かれ、内部と外部を透明なガラス1枚で仕切られていれば、内部と外部が視覚的につながった一体的な空間として捉えることができる（図4.2.3）。

3）ガラススクリーン

「鉄とガラス」の産業革命以降、建材としてガラスの使用は増えている。閉鎖的な煉瓦造や石造に比べ、荷重を受け持たないガラスのカーテンウォールは明るく開放的であり、内部の活動が外部からも見える（写真4.2.14）。

4）トップライト（天窓）

日射や風雪から建物を守るには不透明な屋根で覆うが、室内に日光を取り入れて明るい空間とするために屋根を透かす（写真4.2.15）。

室内で煮炊きをする換気用として天窓が設けられてきたが、屋根を部分的に切り取ったトップライトや屋根全体をガラスで覆うこともできる。

写真4.2.11　吉野ヶ里遺跡で復元されている高床倉庫

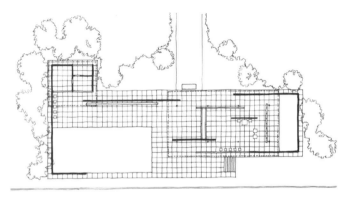

図4.2.3　ジャーマンパビリオンの平面図

写真4.2.12　高知県立坂本龍馬記念館
（設計：ワークステーション）

写真4.2.13　アアルト大学学生礼拝堂

写真4.2.14　せんだいメディアテーク
（設計：伊東豊雄建築事務所）

写真4.2.15　国民年金協会の天窓

4.2.4 対比する

保存と再生、持続可能なまちづくりの観点からも、新規の宅地開発やスクラップアンドビルドだけではなく、既存の街並みや施設を活かした計画が求められるようになった（写真4.2.16）。

周辺環境との関係や既存施設の機能を考慮して、空間的な特徴を読み取ることが必要となる。

1) 動的な対比

歴史的な都市や街並みの環境において、新しいプログラムを挿入する場合、かなり刺激的で大がかりな対比が生じる可能性がある（写真4.2.17）。

2) 静的な対比

歴史的な都市や街並みの環境において、既存施設の改築やファサードの小さな変更には、周りから埋没させずにエスプリを利かせて、少し存在感を出すことも可能である（写真4.2.18）。

3) コンバージョン（転用）

近年、市町村の合併や学校施設の統廃合などで、地域内に公共施設が数多くストックされている。既存施設のもとの機能を活かした新しい空間を計画することも可能である。

駅舎や発電所から美術館、工場からホテル、倉庫から図書館、ガスタンクから集合住宅など、既存施設の空間的な特徴を読みとることが必要（図4.2.4、写真4.2.19）。

4) デザインコードと修景

伝建地区など変更にかなり制約がある場合、各地区で定められたデザインコードに基づき計画を行う。

また新たにまちや建物群を計画する場合では、修景という手法を用いて地域全体に統一感を持たせることもできる（写真4.2.20）。

写真4.2.16　駅舎から転用したオルセー美術館

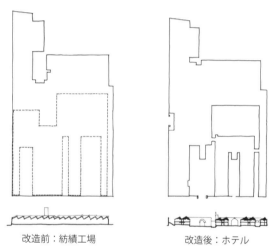

図4.2.4　紡績工場からホテルへ転用した倉敷アイビースクエア
（設計：浦辺設計）

写真4.2.17　ポンピドーセンター

写真4.2.18　ルーブル美術館

写真4.2.19　東京都北区立中央図書館
（設計：佐藤総合計画）

写真4.2.20　小布施の修景された街並み

4.2.5 取り込む

自然を取り込むために、屋上緑化や地形、アトリウムのようなガラスの箱の計画が増えている（図4.2.5、写真4.2.21）。

自然だけではなく、地域社会の文化や風習について捉える必要がある。

1) 地形

建物の中に都市的な立体街路を計画して、不特定多数の人の動線をいくつかの高さレベルで処理する際に、積極的に大きな吹き抜けに面して、人の動きをダイナミックに見せることもできる（写真4.2.22）。

2) アトリウム

換気用の天窓付きの空間をアトリウムと呼んでいたが、次第に大空間化していき、ガラス張りの吹抜けを持つ外部のような内部空間を指すようになった（写真4.2.23）。

3) 屋上庭園

ル・コルビュジェが近代建築の5原則のひとつとして挙げているが、省エネルギーやエコの視点から、屋上を緑化する事例も増えている。緑化された屋上は、第2の地面として積極的に活用していきたい（写真4.2.24）。

4) 垂直性

ゴシック様式の教会建築は、教会を神の家として捉え、神聖であり超常的な意識づけも行うため、尖頭ヴォールトのアーチやフライングバットレスなどの架構方法が開発された（写真4.2.25）。

写真4.2.21 地形を取り込んだ近つ飛鳥　（設計：安藤忠雄建築研究所）

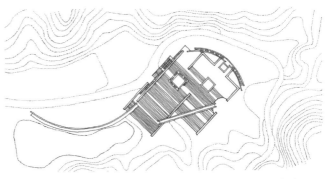

図4.2.5 近つ飛鳥の配置図　（設計：安藤忠雄建築研究所）

写真4.2.22 京都駅のコンコース
（設計：原広司＋アトリエファイ）

写真4.2.23 東京国際フォーラム
（設計：ラファエル・ヴィニオリ）

写真4.2.24 公立苅田総合病院
（設計：アーキテクツ・コラボレーティブ）

写真4.2.25 ミラノ大聖堂

4.3　イメージをかため、カタチづける

　建築の設計は、縮尺を用いて表現する。表現した空間の規模や用途によってそのスケールは異なる。例えば、大規模な施設で敷地との関係を示す配置図は1/500、全体構成を伝える平面図では1/200や1/100、素材感や詳細なディテールを示すときは1/50や1/20で示す。与えられた敷地の大きさや高さ、法規の制約から、最大限可能なボリューム（体積）を作る。これを基本形として、様々な操作をすることでイメージを固めていく。例えば、縮尺という概念を用いて想像することによって、照明器具のカタチや家具、アート作品から建築の形態を連想することもできる。逆に、建築のスケールへと読み違えることによって、思いもしないイメージへとつながる可能性もある。

　ここでは、都心部に位置する「オフィス併用住宅」と地方都市に位置する「地域交流・観光施設」の2事例から、イメージからカタチを導くプロセスを紹介する。

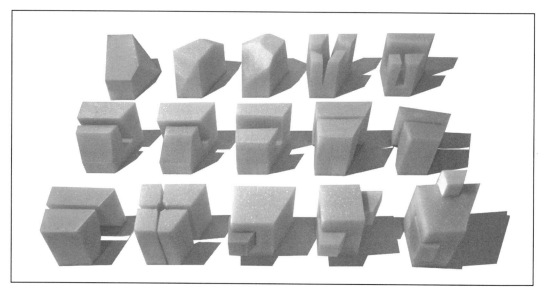

図 4.4.1　さまざまなスタディからカタチを模索する

事例1 オフィス併用住宅をスタディとする

スタディスケール：1/50 〜 1/200
与条件：名古屋市内の敷地に計画するオフィス併用の住宅。30代の夫婦と息子の家族構成
用途地域：近隣商業地区　　建坪率：90%　　容積率：300%

4.3.1　ボリュームを削る

　基本となるボリューム（1/200）から、削り出すといった彫刻的な操作を行う。日影や周辺環境との関係など外的要因を想定しながら、形状をスタディしていく。例えば、隣地の建物や道路などの関係によって切り出したり、眺望を効果的に活かすために傾斜をつけたり、ファサードに看板（サイン効果）を生むように大きく形成するなどボリュームの操作を加える。削り出されたボリュームから、他の形態や形状の可能性が連想されたりする。

図 4.4.2　ボリュームを彫刻のように削りだした形状

4.3.2 ボリュームを分割する

内的要因である家族間のコミュニティや用途の関係性を想定しながら、ボリュームを分割していく。例えば、居室の用途を分け、分配して配置したり、シンプルな形状を積み上げたり、隙間をつくって空間を構成したり、形状と形状の間の関係性に意味を持たせることができる。分割した立体を並べ替えるだけでも、十二分に地形や用途、使い手のコミュニ

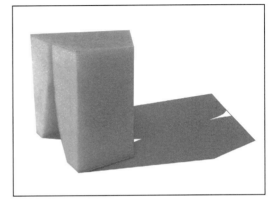

図 4.4.4　ボリュームを局面を使って分解した形状

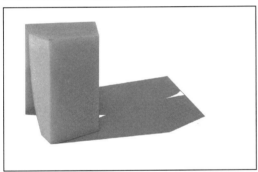

図 4.4.3　ボリュームを分解した形状のバリエーション

ティなどを想起させることができる。

4.3.3 ボリュームを曲げる

ボリュームに曲線を用いて分割したり、曲げたりすることで、予想もしない多様な空間を発見することができる。例えば、模型材料だけでなく、いろいろな素材を曲げてみる。アルミなら皺が寄って、一度付いた皺は明確な輪郭となり、布であるなら曖昧な輪郭で柔らかい形状を描く。

他方、太陽光に着目すると光の入り方や陰影、写り込み、反射の仕方が異なる。同じ形態をつくっても曲線を入れることで、冷たく硬い印象から温かく親しみやすい印象となるなど、人間の感じ方、捉え

方も変わってくる。

曲面から生まれるボリューム（1/200・スタイロフォーム）の可能性が見えてきたら、スケールを上げて空間（1/100・スチレンボード）としてカタチを捉える。建築の内部空間をつくりながら、家族間の交流と動線、視線の変化、太陽光の入り方、周辺環境との関係などを考慮しながら検討を続ける。

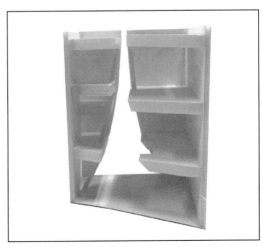

図 4.4.5　ボリュームから内部空間の形態を模索する

4.3.4 ボリュームをつなげる

異なる二つ以上の形態をつなげることで、空間に抑揚を生み出すことができる。屋内外をつなげる窓やファサードのあり方、明確な間仕切りをつくらない平面計画など、線形上の異なるボリュームをつなげることで、主体となる空間に新たな意味を見出す。

日本文化にみる土間や縁側の使い方などを加味しながら、異なるボリュームの接点から生じる緩やか

図4.4.6　ボリュームに異なる形態をつなげた形状

な形態や明確な輪郭を消す表現など模索する。

スタディした形態から得られた短所や長所を総合的に判断して、取捨選択しながらイメージを固めていく。空間のスケールを上げて（1/50）、テクスチャや色彩などにも考慮しながらイメージを膨らませる。

他方、構造やキッチンや浴室、便所など設備、天窓やハイサイドライト、階段や段差などを検討しながら、イメージから一つのカタチへと昇華させていく。

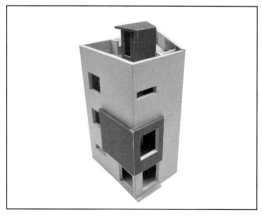

図4.4.7

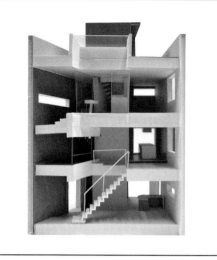

図4.4.8　イメージから建築に必要な要素をカタチに昇華する

事例2　地域交流・観光施設をスタディとする

スタディスケール：1/100〜1/300
与条件：三重県某市内の敷地に計画する地交流と観光拠点を目的にした施設。地域の住民と観光客の利用を想定。
用途地域：近隣商業地区。建坪率：80％　容積率：300％　高度地区：10m制限

4.3.5 異形をならべる

対象となる敷地に抽象絵画のように異形をならべることで、「物」や「こと」のある要素や側面、性質を引き出して捉えることができる。対象の本質的な要素や特徴を抽出すること（抽象）は、同時にそれ以外の非本質的で個別的な要素を捨てることでもある。異形のボリュームを「記号」のようにならべることで、人間の動作や植物などの具象的な形態をそのまま表現するのではなく、具体的な物や目に見えた情景をモチーフにそれらを簡素化、変形するなど抽象化することができる。

4.3.6 レイヤーを重ねる

板状の要素を積み重ねることで、レイヤー状の階層構造を表現することができる。コンピュータ上の画像処理ソフトやCADなどに搭載されているレイヤー機能を思い浮かべると想像しやすい。画像をセル画のように重ねて使ったり、情報やモノを重ねる

図 4.4.9　異なる形態をならべスタディ

図 4.4.11　面形状を折り曲げて空間を形成したスタディ

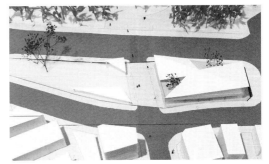

4.3.7　折り曲げる

単純な幾何学の面形状を組み合わせて模様や線形上の立体を連続させることによって、場に応じて広がりあるカタチや領域をつくることが可能です。幾何学の平面を組み合わせ、折り曲げてつなぐことで、本来見えていなかった空間の意義や意味を顕在化させることできるかもしれません。

敷地がもつ固有の文脈を把握すること、そして物体を折り曲げることで、包んだり、膨らませたりすると、多様な人間の知覚や態度、世界観に対する物理的環境の効果までも表現できるはずです。

幾つかのスタディ（1/300）を通して、短所と長所をメモし、コンセプトにあったカタチを模索していきます。スタディの中から、適切なカタチを抽出し、スケールを上げて（1/100）検討します。

ここでは、周辺環境である隣接する森林と商店街との連携を、屋根形状の透明と不透明、植栽との関係、地上階と上階をつなぐ役割など、面形状を曲げる操作で生まれる空間の可能性を追求しました。

他方、実際の利用者視点で空間の回遊性や誘引する仕掛けなど形態のスタディには、ヒューマンレベルの心理効果や行動の検討も重要です。

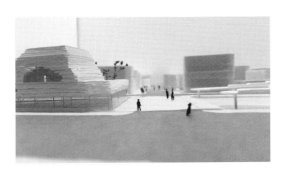

図 4.4.10　レイヤーを重ねるように空間を形成したスタディ

ように、屋根や梁、スラブ、庇を重ねる様相から建築の形態を模索することもできる。重なりから生じる隙間や段差、溝などの空間を、アクティビティが誘発される仕掛けとして捉えると可能性は広がる。

4.3　イメージをかため、カタチづける　　65

図 4.4.12　幾つかのスタディを通して整理した短所と長所から、適切なカタチへと昇華させる

4.4　イメージを方向づけ、建築化する

　建築のイメージを形づけていく作業のなかで、アートやプロダクトデザイン、家具デザインなど建築以外の分野を見ることはイメージの触発につながる。さらに、敷地のもつ風土や住民の慣習、自然界にある比率や天文学的視点など幅広い知見を得ることで、イメージは感化されるものである。一見関係なく見える学問や分野などにも興味をもってスタディすること。

　建築には機能や目的、用途があり、利用者のために空間が構成される。住宅なら家族構成、商業や公共施設なら利用者のターゲット像を明確にしながら、イメージを方向づけていく。また、与条件を整理することで、風の動きや採光、景色など幾つかパロメーターを設定し、壁、床、天井など空間の構成要素から建築化する。

4.4.1　繰り返してかたどる

　建築設計において造形は、ある一定のルール上で使用することで固有のファサードやインテリアをつくることができる。例えば、フランスの数学者ブノワ・マンデルブロは、図形の部分と全体が自己相似になっているという「フラクタル（fractal）」という幾何学の概念を提唱した。これは、海岸線の形状や雪の結晶などに見ることができる。海岸線は微視的にみると複雑に入り組んだ形状をしているが、これを拡大しても同様に複雑に入り組んだ形状が現れ

図 4.4.13　部分となる基本形状を操作しながら全体像をスタディする

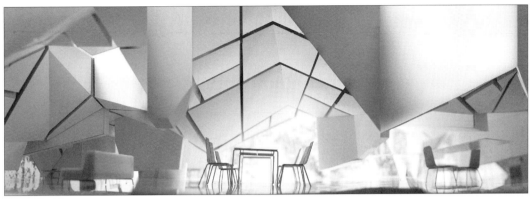

図 4.4.14　小さな形態を規則的に繰り返し活用したスタディ

る。数学的には、簡単な式を繰り返すことで複雑さを形成することを指す。

　これを設計に還元するならば、誰でも分かりやすい簡単な造形を、空間や建築を構成するまで繰り返すことで、一見すると複雑だけれど全体として一貫した普遍的な表現が可能となる。

4.4.2　連続的につなげる

　建築設計において空間を連続してつなげたり、一見すると繋がっているかのように、騙し絵的な表現を用いることで多様な形態を生み出せる。ユーモアある騙し絵といえば、マウリッツ・コルネリス・エッシャーが挙げられる。エッシャーは、建築不可能な構造物や、無限を有限のなかに閉じ込めたり、平面を次々と変化するパターンで埋め尽くすなど独創的な作品を作り上げた。感性だけでなく、数学や結晶学的な知識から、平面の正則分割や反射する鏡面、遠近法、多面体などを多用している。平面に立体や空間を想起させただけでなく、2 次元の世界に摩訶不思議の理由を考えさせる参加型のプロセスを包含しているといえる。

　奥行きや遠近感を出す効果、行為を誘発する仕掛けなど形態を連続的につなげることも有効な手法である。

図 4.4.15　多様な形態を連続的につなげたスタディ

図 4.4.16　利用者の行為や用途、太陽光など外的要因を連続空間に落とし込む

4.4　イメージを方向づけ、建築化する

第5章　ものをおさめる／立てる／築く

　第5章では「コンテクスト」をキーワードに、建築設計の前提条件となる敷地とその周辺環境の捉え方や、空間を利用する人の動き、すなわち動線計画について記す。また、平面図・立面図・断面図などの図面の役割を学ぶとともに、建築設計過程におけるディスカッションの必要性について考える。さらに、空間を組み立て、構想を実現させるための構造体の検討、景観や環境性能に配慮したファサードのデザイン、空間群の配置や対人・対物の距離の取り方についても触れる。

5.1 コンテクストをいかす

5.1.1 コンテクスト

ある敷地に建築が建つとき、脈略なくそのカタチが現れることはほとんどの場合ない。建築設計はゼロから生み出すものではなく、先人が培ってきたあらゆる知恵やモノの見方から学び展開させていくものだ。建築設計のきっかけは敷地の持つ「コンテクスト」を意識すると掴み易い。

(1) コンテクスト [context]

「コンテクスト」とはラテン語由来の言葉で「文脈／筋道／脈絡／背景」などと訳される。「con」は「共に、一緒に」の意、「text」は「織る」の意で、糸が紡がれカタチをなすイメージだ。カタチはそれ自体が単体であるというよりも、周囲の存在によって認識される。建築も同様に、周辺環境や時の流れとともにある。建築は、文学のように、ある意味の繋がりにおいて存在すると考えられている。

(2) コンテクスチュアリズム [contextualism]

コンテクストを規定するものは何か。『建築大辞典』（彰国社、1993年）によると、「コンテクスチュアリズムの立場に基づいて読み取られるべき環境の全体もしくは部分的特徴、あるいはその構造、具体的には、方位、地形、水系、植生、街路パターンなどの空間の基盤構造および都市全体からみた建築の位置、建築様式や建築群の特性など」とある。「コンテクスチュアリズム」とは哲学・思想分野から広まった概念だが、建築分野では1960年代～80年代の流行ともされてきた（秋元馨：現代建築のコンテクスチュアリズム入門、2002年）。

コンテクストとは「読む」もの、つまり「言葉」への変換だ。人や物が自由に移動可能な状況下で、私たちは一つの敷地に対して、どのようなコンテクストを見出だせるだろうか。

図 5.1.1

写真 5.1.1　（左）ベルリンの壁モニュメント　東西ドイツを分けていた壁は1989年崩壊した。（中央と右）ベルリン国会議事堂（1894年竣工、1999年修復）　大戦下、不審火や空襲で被害を受けた。修復計画はノーマン・フォスター設計で、建設当初のガラスドームが意識された。

写真 5.1.2　ベルリン・ユダヤ博物館（1999年竣工、2001年開館）　ポーランド生まれのユダヤ系アメリカ人、建築家ダニエル・リベスキンドが1988年にコンペ当選を果たした。外壁はチタン等の金属板で覆われ、開口部は引き裂かれた傷のようだ。建物はかつてベルリンを東西に分けた壁跡にジグザグと配され、入口は隣接する旧ベルリン高等裁判所にある。地下トンネルより「亡命の軸」「持続の軸」「ホロコーストの軸」という三軸構成の館内をみる。

(3) 場所の意味

　例えば、複雑で曖昧で捉えようのない、あるいは、何一つ特徴のないようにみえる場所がある。しかし、それは視点の定め方の問題かもしれない。どのような場所でも場所の意味は考え得る。見当のつかない場合は過去の方法論を学ぼう。例えば、古代ローマでは「ゲニウス・ロキ［Genius Loci］」という概念が生まれた。ある場所の姿は、地形や植生や歴史などの固有性が人間に働きかけつくらせる、という考え方だ。日本では「地霊」と和訳される。詳しくは『日本の"地霊"』(講談社、1999年)、『ゲニウス・ロキ―建築の現象学をめざして』(住まいの図書館出版局、1994年) などの一読をお勧めするが、とにかく、ある場所の「意味」を考え「言葉」にする、「図」に表す過程を大切にしたい。

　私たちは、意識的でいなければ、コンテクストを把握できない。アンテナを張って、注意深く観察しなければ、目前の建物の実体さえ捉えられないだろう。また、コンテクストを十分に読み解けていないのに、恣意的に計画を進めてしまえば、人々の共感を呼ぶ成果にならない。「何となく」とか「好きだから」ではない「言葉」を獲得しよう。考えて、考えて、計画をカタチにしていく。

　学校の課題や実務では「設計条件」が与えられるが、その解釈は人それぞれ異なる。条件とはそもそも人為的だ。これが絶対に正しいとは断言しづらく、だからこそ私たちは、幾通りもの考えを巡らせる。計画は、使い手、出資者、施工者、隣人、動植物、地球環境などあらゆる立場に立って進めることが重要だ。あなたの計画もその場所のコンテクストを担うのだから。

図 5.1.2　妻籠宿の都市構造　宿場町とは街道を主軸に両側町の連なる町並みである。江戸時代に最も繁栄した五街道の一つ中山道は、日本橋を起点に京都三条大橋までを結ぶ日本一長い基幹街道で、67の宿場町が中継地点として配された。妻籠宿の場合、街道は西側に流れる川の線形に沿って敷かれ、宿場町の特徴である線形の都市構造の骨格をなしている。

写真 5.1.3　妻籠宿（岐阜県）　日本における重要伝統的建造物群保存地区の第 1 号。過疎化が進むなかでも「売らない・貸さない・壊さない」の三原則を掲げ、400 年以上続く宿場町の町並みを守り続けている。例えば、この場所に現代人が創造するとしたら、どうなるだろうか。

5.1.2 敷地調査

建築の計画は「敷地を読む」ことから始まる。敷地の大きさや法規制は誰が調べても同じにならなければならないが、それを効率よく正確に、誠実に、自分で調べることが大切だ。ここでは、敷地調査とは何か、どのような流れで行うかなど、敷地調査のための事前準備と心構えについて記す。

(1) 敷地調査とは

敷地とは、建物などを建てるために、一続きの地表に境界を設けて区画したものだ。ただし、建築設計は与えられた敷地内で完結するものではない。敷地調査では周辺環境を含めた一帯について、視野を広げて状況を把握する必要がある。

(2) 敷地調査の流れ

敷地調査にはさまざまな段階がある。情報を持たずに行く、ある程度の事前準備を行って臨む、調査項目を明確にして挑むなど、調査を重ねながら柔軟に建築の姿を計画したい。学校の課題で課せられた敷地や設計条件でも、建築主がいて予算に制約のある実務でも、敷地調査により初めて得られる情報がある。建築には絶対的な答えはない。最適解をさまざまな視点から探ろう。

① 敷地の所在を確かめる

まずは所在地を明らかにしよう。当然だと思うかもしれないが、この一歩をし損ねて、後の作業が水の泡になることもある。また、主要アクセスなども確かめておこう。

② 資料を収集する

地図、航空写真などの地理情報、用途地域などの法的条件を、図書館やインターネットを利用して入手する。特に、地図にはさまざまな種類がある。地形図（1万分1～500万分1、国土地理院発行）、住宅地図（1.5千分1～2.5千分1、ゼンリン発行）、都市計画基本図（白地図とも言う。各自治体発行）、公図（法務局所蔵）、地積測量図など。また、地図によっては旧版を閲覧・複写申請できる。その場所の歴史も調べておこう。

図 5.1.3　敷地調査：「ただ見るだけ」では有効な成果を得られない。「何を」調査するのか、目的をはっきりさせる。

③ 現地を歩き回る

百聞は一見にしかず。②を持参して複数回は現地を訪問しよう。第一印象だけでなく、季節、天候、時間による差異にも目を向ける。五感で感じたことを、メモや写真撮影などにより記録しよう。

④ 記録に残す、整理する

記憶が鮮明なうちに③を整理しよう。建築を形づくるためのヒントが大いに得られる。光や風などの環境要素、周辺道路の交通量、周囲の建物や木々の様子、眺望などをまとめ、スタディに生かす。現況写真は、Adobe Photoshopを使って画像加工し模型やパースの背景とするなど、プレゼンテーション段階でも活用できる。実務でも、建築主に対し分かり易い表現にまとめ調査報告を行う。

(3) 敷地調査の心構え

学校の課題で設定される敷地は、実際の売地ではなく仮定であることが多い。敷地には所有者がいるので、敷地調査の際は、敷地への不法な立入り、不審に見える行動、大声や大勢での見学は避け、マナーを守って行動しよう。学校名や「調査中」の下げ札や腕章などを着用するのも一つの方法だ。また、調査に夢中になり過ぎて、車に気付かないといった不注意も起こりがちだ。十分に気をつけよう。

図5.1.4 情報収集の強い味方
国土地理院や各自治体などはインターネットを用いた情報提供を行っている。各サービスの利用上の注意をよく読み、活用したい。

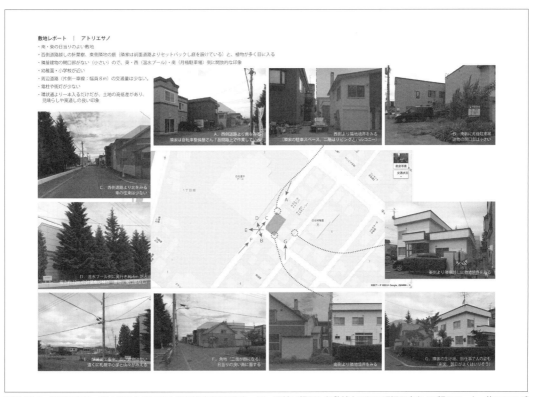

写真5.1.4 敷地調査の一例：ある角地に個人邸を設計するにあたって、現地で撮影した敷地と周辺の現況写真をA3版のシート一枚にコンパクトにまとめたもの。紙面には、敷地調査で得られた設計の際に配慮すべきポイントなども記載している。

5.1.3　対象敷地

対象敷地の物理的状況を把握する。どのようなカタチの敷地か、敷地面積や敷地の高低差はどれくらいか、周囲の道路とどのように接しているか、隣接する敷地の使われ方はどうかなどを図面化する。これは計画の前提条件になるので、早い段階で取り組む。

(1)　平面形状
＜整形と不整形＞

敷地の形状は整形（正方形・長方形）に限らない。三角・台形・不定形・変形・旗竿などの不整形な形状もある。対象敷地がどのような平面形状か、地図や実測により正確に把握する。

図 5.1.5　整形と不整形

＜間口と奥行き＞

建築の敷地は、道路に2メートル以上接することが建築基準法により定められている。この接道長さを「間口」と言う。間口が狭く奥行きが深い「うなぎの寝床」、間口も奥行きも狭い「猫の額」、間口も奥行きもはっきり捉えられないほど広大な原野など、さまざまな関係がある。

＜接道の仕方＞

道路に囲まれた街区と、一辺は道路でその他は隣家に囲まれた敷地では、敷地の大きさが同じでも、人や車の出入りなどの条件が異なる。接する道路の本数や接道長さが、敷地のあり方に影響を与える。

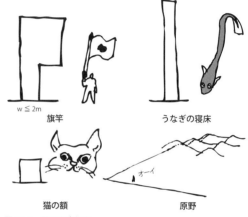
図 5.1.6　間口と奥行き

(2)　敷地規模
＜敷地面積＞

敷地面積とは、敷地の水平投影面積を言う。日本の現行制度では、建築面積（＝建物を真上から見たときの水平投影面積）や延床面積（＝建物の各階の床面積の合計）を決定するとき、この値を用いる。

＜平米と坪＞

面積の単位は一般に、メートル法の「平米（㎡／平方メートル）」や尺貫法の「坪」を用いる。1坪は江戸間の畳2枚が基準で、約3.3平米である。

＜算定方法＞

敷地の形状が複雑でも、敷地面積は必ず算出しなければならない。敷地面積の算定は「座標法」や「三斜法」により行う。三斜法とは、敷地を三角形で分割して面積を求める方法である。まず寸法や面積を明記した敷地図を作成しよう。基準点を定め一線ずつ書き進めていく。算出プロセスは三斜求積図・三斜求積表にまとめておく。

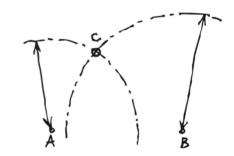
図 5.1.7　複雑な敷地図の描き方
(1) 三角形の底辺 AB の両端から、それぞれの斜辺の長さ（AC、BC）の円弧を描く。
(2) 二つの円弧の交点 C と、点 A・点 B を直線で結ぶ。

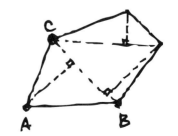
図 5.1.8　敷地面積の算定方法（三斜法）

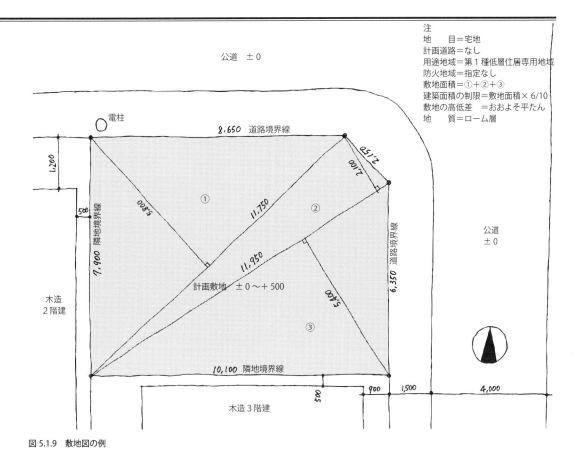

図 5.1.9　敷地図の例

(3) 敷地の高低差

敷地は平坦とは限らない。傾斜や段差といった異なる高さを切り土や土盛りで平らに造成したり、そのままをいかして計画したりする。地図上の等高線をよく読み、実測調査を加えて、地表のラインを図面化する。

＜平均地盤面＞

敷地が平らなとき地盤面（GL=Ground Line）は一つだが、敷地内に高低差がある場合は、その敷地に建てられる建物の高さの上限を判断するために「平均地盤面」を確定する。

(4) 道路や隣地との高低差

敷地と道路の高低差が大きいと敷地内に車を乗入れることができない。人の出入りにも階段などを要する。人（歩行者）と車の関係、車の保管方法なども併せて検討する。

また、隣地が対象敷地と異なる高さにある場合、光や風の採り入れ方だけでなく、プライバシーの問題などを慎重に検討する。

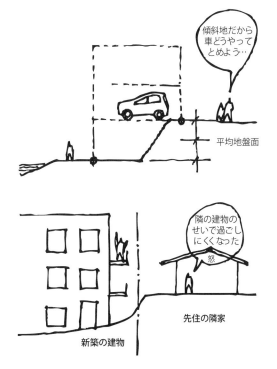

図 5.1.10　高低差をよく観察して、良好な環境を築きましょう

5.1　コンテクストをいかす

5.1.4　周辺環境

対象敷地周辺の物理的状況を把握する。隣接する場所や、より広域的な周辺環境を観察する。人の動きにも注目する。その建築にどのように人がアクセスするか、周辺から建築の姿がどのように見えるのか、周辺環境にとってその建築がどのような位置づけになるか考える。

(1)　隣地状況

＜敷地境界＞

隣地との境界や道路との境界を、境界石や境界杭を目印に把握する。これらが無い場合はしかるべき手続きで確定する必要がある。図面では隣地境界線、道路境界線として描く。

＜隣地の使われ方＞

隣地の魅力は何だろうか。例えば、隣地が公園ならば、その緑を借景にするなど計画に取り入れ、対象敷地をより豊かにすることができる。

＜前面道路＞

道路は法に基づき運用されている。道路数、幅員、道路の種類、道路構造・歩道・路肩、交通量などを把握する。

＜治安＞

地域の治安はどうだろうか。防犯の観点でもう一度、敷地を確認する。

図 5.1.11

図 5.1.12　俯瞰してみてみよう（俯瞰とは、鳥の目になってみるということだ。道路から敷地をみるときも、あちこち移動してみよう。）

写真 5.1.5　敷地調査で撮影するパノラマ写真

パノラマ写真は、1カットをより広い範囲で撮影することができ、調査記録として有効である。使用するデジタルカメラによってはパノラマ撮影機能のあるものがある。カメラ機能になくても、Adobe Photoshop にあるメニューや無料ソフトウェアにより、簡単に自動加工できる。

最近では、全景カメラを使って、360度、空間を記録することも可能になった。

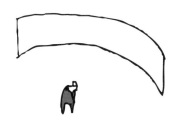

図 5.1.13　Adobe Photoshop の Photomerge 画面

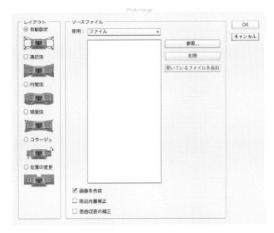

(2)　否定的環境と肯定的環境

周辺環境の否定的な側面と肯定的な側面を整理する。物事の二面性（時には多面性）を言葉で書き出してみる。例えば、防犯対策として目線より高い塀で敷地を囲ったとしよう。しかしこの場合、一度内部に侵入されてしまえば、内部で起こっていることが外部からまったくわからないという危険をはらむ。

(3)　将来予測

計画する建築が、将来周辺環境にどのような影響を与えるか考える。住宅設計でさえ、建築行為は結局のところプライベートなものではない。それは、学校の課題であっても変わらない。

自分の計画が、地域をより魅力的に、より快適にするものになるには、どのような実体を提起すればよいのか、自覚しながら進められると得るものがより大きくなる。

「プロポーザル」という用語がある。与条件をただ満たすのではなく、よりよい空間の提供や企画の実施に通じる「提案」を行う機会を言う。建築は、各分野の専門家、作り手、使い手と協働して作り上げる。課題であれ、自分自身の先入観に捕われる、あるいは、条件にばかり立ち回るのではなく、広い視野を確保して取り組みたい。

図 5.1.14　地続きの関係を考えよう　周辺環境をよりよいものにするために、人々のいきいきする姿、リラックスする姿を想像してみよう。

5.1.5 気候・風土

　気候とは長い期間の大気の状態をいう。風土とは土地の状態であり、長い時間をかけて育まれている。地球という一つの惑星の中にさまざまな特徴を持った土地や建築が生まれるのは、グローバル化がいくら進んだ現代とはいえ、気候と風土の密接な関係があるからに違いない。

(1) 大気と気候
　大気とは惑星全体を覆い包む気体の総称だ。地球には空気があり、私たちは呼吸して生命を保っている。気候とは具体的に天気・気温・降水量・風を指す。晴天の日、曇りの日、灼熱の日、零下の日、小雨の日、豪雨の日、そよ風の日、暴風の日。大気の流れそのままに、1日として同じ日がないのは豊かなことだ。

(2) 四季
　四季は太陽の高さに関係して起こる。四季とは1年の間に移り行く春・夏・秋・冬のことだ。日本列島は、南北に約3,000キロメートル。四季がはっきりあり、地域ごとに特徴がある。

(3) 時間
　1日は24時間、ときどき補正しながら時を刻む。日が昇り朝が来て、日が沈み夜が来る。時間も大気のように流れゆく。

(4) 土地と風土
　土地とは人が住まうような陸地を指すが、海や川などの自然環境すべてにより風土が育まれる。国土とは気候・地形・地質・景色などを総称する概念だ。

(5) 地形と地質
　地表には高低や起伏があり、これを地形という。地表面だけでなく、地中深く土を掘り起こして、建設地としての適正を測る。建材となる「地のもの」もよく観察したい。

(6) 景色（風景・景観・眺め）
　自然環境も、建築をはじめとする人工物も、鑑賞の対象になる。鑑賞とは、それが表現しようとするものを掴み取り、その良さを味わうことだ。その場所で一息つき、いい景色となぜ思えるのか考えてみる。いい景色は星の数ほどあるだろう。それが固有のものであるほど、魅力的であるほど、人の心を打つ、記憶に残る名シーンになる。

写真 5.1.6　セイナッツァロの村役場（アルヴァ・アアルト、1950-52年） フィンランド北部の湖に浮かぶ島・セイナッツァロにある役場、議場、図書館、住宅、店舗、ゲストルームなどからなる小さな複合施設。雪景色にレンガの温かみのある色が映える。

(7) 気候変動・自然災害

2011年3月11日に発生した「東日本大震災」は、南北約500キロメートル、東西約200キロメートルの広範囲に起こった、日本における観測史上最大の災害だ。津波により多くの尊い命が奪われ、自然の脅威が露となったが、同時に、我々の生活を支えるエネルギーのあり方や食を支える農業・漁業についても、「本質」が問われる機会となった。また、避難所や仮設住宅に対して、生活空間を扱う建築分野のノウハウが活かされたとは言い難かった。土木や建築のあり方は物議を生むだけで、絶対的な安心安全を提供できているのか、疑問が残った。

2015年9月には「東日本豪雨」が発生し、鬼怒川堤防が決壊して街が水没、2016年4月には「熊本地震」が発生した。気候変動の激しい近年では、想定を超える天災が私たちの生活を脅かしている。

日本には水害、風害、雪害、火山噴火など、豊かな気候風土と表裏一体に、対処しなければならないことが多々ある。安全を維持できる場所を見極めることが大切であり、建築に携わる者は、この現実から目を背けてはならない。

写真 5.1.7 山と畑の風景
広く大きな空、山並み、木々、畑に光が降り注ぐ。

写真 5.1.10 鬼が城（三重県熊野市）
熊野灘の荒波で少しずつ削れていった岩肌。海岸景勝地。

写真 5.1.8 丸山千枚田（三重県熊野市）
虫送りという伝統行事が今なお続く、日本の古き良き棚田の風景。

写真 5.1.11 伊根の舟屋群（京都府与謝郡伊根町）
穏やかな内海が町の主要な出入口。舟屋の1階に舟置き場がある。

写真 5.1.9 篠山市河原町の街並み（兵庫県篠山市）
篠山城築城の際、京への玄関口として商家群が整備された。

写真 5.1.12 渋谷スクランブル交差点（東京都渋谷区）
歩行者信号が青になると一斉に人が動き出す。

5.1.6 立地・交通

建築はどのような場所に建つのだろうか。また、そこへ至る道のりはどのようなものだろうか。建物内に入る前の体験が建築への期待感を高めることも、建物を去る体験が建物の価値を高めることもある。立地の善し悪しを交通の利便性だけで判断せずに、魅力を探ってみよう。

(1) 立地いろいろ

立地とは場所や位置のことだ。日本の現行制度では、どこにでも建築することはできないが、時として、難工事を容易に想像できる厳しい環境に建築が建立されることがある。崖っぷち、急傾斜、地中深くなど、現代の高度な技術でもって初めて可能となった建築、あるいは、もはやその建立方法は謎に包まれたままの古く神秘的な建築もある。「地霊（ゲニウス・ロキ）」という概念がある。場所の持つ力、特有の雰囲気のことを言う。その場所に建築が建つことの意味を深く考え、計画を進めていこう。

写真 5.1.13　三徳山三佛寺 投入堂（平安時代後期建立、国宝）
険しい修行道の先、断崖絶壁に建つ小さな奥院。平安時代の懸造り。

写真 5.1.16　浜松市秋野不矩美術館（藤森照信、2008 年竣工）
丘の上にある地場材天竜杉と漆喰の建物を目指し、坂道をのぼる。

写真 5.1.14　厳島神社社殿（平安時代末期創立、元亀 2 年（1571）造替）
海が玄関口。潮の満ち引きで風景が刻々と変化する。

写真 5.1.17　ボンダイ・アイスバーグス・スイミング・プール（2002 年改修）ボンダイビーチのプール。海の真横で波しぶきを浴びながら泳ぐ。

写真 5.1.15　シドニーオペラハウス（ヨーン・ウツソン、1959 年竣工）
半島の先端に建つ。海から、陸から 360 度美しい造形を楽しめる。

写真 5.1.18　長崎県美術館（日本設計＋隈研吾／隈研吾建築都市設計事務所、2005 年竣工）　運河を挟んでいる二つの建物をブリッジが繋ぐ。

(2) 敷地に至る方法

陸路、空路、海路。敷地まではどのような道のりだろうか。人々を出迎える建物の姿はどのように見えるだろうか。敷地までのアクセス（＝交通の便）、建物までのアプローチ（＝導入空間）、建物内の動線は、具体的にイメージできているだろうか。人や物の流れをしっかり計画に取り入れたい。

まず、敷地までの交通手段は何だろうか。公共交通機関、自家用車、自転車、徒歩など、さまざまな方法でのアクセスが考えられる。公共交通機関の場合は、最寄駅やバス停、タクシー乗降所の位置。自動車や自転車の場合は、交通規制の確認や駐車場・駐輪所の位置。徒歩の場合は、階段や坂道などの急傾斜、歩道の幅員、周辺道路の交通状況なども併せて確認しておきたい。

次に、密集した住宅街では敷地境界すぐに玄関というのも止むを得ないが、余裕のある場合は、歩を進めるごとの建築の見え方（シークエンス＝場面の連続した展開）に留意したい。建築の空間体験にとって大切な導入部になる。

(3) 交通の結節点

交通は多様な交通手段からなるため、乗り換え・乗り継ぎといった移動の連携がスムーズであるほど良いとされる。これは敷地内や建物内でも同じだ。ある場所から次の場所へ移動するとき、流れが滞るようであれば計画がうまくいっているとは言えない。何度もシミュレーションして、物理的な環境を整えておく。

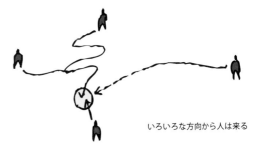

いろいろな方向から人は来る

最短距離で行けばいいというものでもない

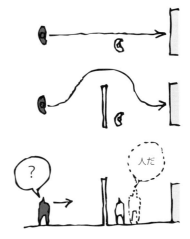

目的地までの道のりに考え所が多くある

図 5.1.15

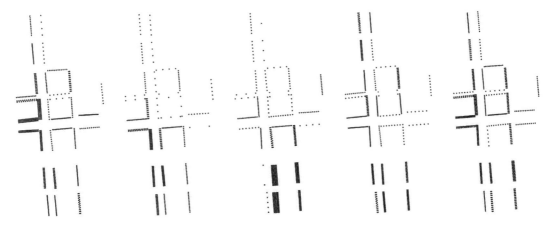

図 5.1.16 **交通調査の一例** ある敷地に公共施設を改修計画するにあたって、街路を行き交う人の交通手段、昼夜間別交通量を定点観測している。（現状の施設のままでは人の流れを生み出す拠点となっていないことを問題提起するデータでもある。）

5.1.7 原風景

　自分の内なるものや幼少の頃の記憶が、これから作ろうとする建築に影響を与えることがある。独自の判断基準や感性は、知らず知らずのうちに培われているだろう。生まれ故郷の風景、生活の一場面、夢でみた場所…。あなたにとって、目を閉じて瞼に映る風景はどのようなものだろうか。

　建築は風景をつくるものだから、計画段階では、自分自身がこれまでどのような風景を目にしてきたのか振り返ると参考になる。「原風景」とは、数ある記憶の一番最初にあるもの、その分、思い出す回数の最も多い風景と考えられる。

　ここでは、二人の建築家へのインタビューを通じて原風景を考えてみたい。問いは以下の4つである。

　[Q1] 生まれ育った家の記憶は何ですか？
　[Q2] 生まれ育ったまちの記憶は何ですか？
　[Q3] 原風景は何ですか？
　[Q4] 原風景が、これまでのプロジェクトに影響したことはありますか？

(1) 間宮晨一千さんの原風景

　間宮晨一千デザインスタジオ代表。現在、愛知県日進市、名古屋市、東京都中央区に事務所を構える。

　[Q1]　家は店を営んでいて灯油を売っていました。2階の部屋の窓を開けるとすぐに瓦屋根があり、その上で布団を干していました。裸足で瓦に上がり、布団に寝転んでいると、商店街の賑わいが聞こえてきたのを覚えています。小学4年生の頃に家は建て替わり、お店はなくなりました。

　[Q2]　名古屋で最も古い駄菓子屋のある商店街に家がありました。市場も2つある下町、職人の街です。隣家との間には柵なんて無くて、家々の間や庭を通り抜けて遊んでいました。自由で、大らかで、街が楽しかった。それなのに、カメラ屋、歯医者、寿司屋も次々なくなって寂しかったですね。

　[Q3]　大らかな街、でしょうか。朝起きると母がいないのに、家の中に街の人がいるなんてことはよくありました。

　[Q4]　2軒の家で敷地境界線と庭を共有する「C/D」、6軒の家での「みんなのみち」のように、境界部に仕掛けをする、こどもたちの遊び場をつくるといったプロジェクトは、特に影響していると思います。賑わいのあった街で育ったからこそ、どのプロジェクトでも、街を楽しくしたい、街を誇りに思えるようにしたいと考えています。

写真5.1.19　みんなのみち（2013年5月竣工）
通常は裏となりがちな隣地境界線から40センチメートルの空間を互いに共有し、幅80センチメートルの「みんなのみち」をつくるプロジェクト。それぞれの住宅では、みちを歩く人が楽しい気持ちになれるような様々な工夫を施している。
（画像提供：間宮晨一千デザインスタジオ）

写真5.1.20　C/D（2008年10月竣工）
2つの隣り合う建売住宅を「互いの敷地境界線と庭を共有する配置」にすることで採光と通風条件を改善し、道路からの視線に対して街に奥行きを与え、住人間の交流と賑わいを育んでいる。
（画像提供：間宮晨一千デザインスタジオ）

(2) 鈴木えいじさんの原風景

大建設計㈱代表、大建都市開発㈱代表。現在、岐阜県岐阜市に事務所を構える。

[Q1] 生まれたのは1954年で、当時の地方都市では珍しかった中層RCの共同住宅に住んでいました。家の中には「脱水機のかわりに衣服を絞るローラーがついた洗濯機」や「井戸水を流してダイレクトにファンで風を送る水冷？クーラー」、そしてモノクロTVのまわりにはキッチンテーブルから応接セットなるものまで置かれていました。小さなアパートの一室から「家」の記憶が始まっています。

[Q2] 地方都市の中心部で、周辺は戦後建てられた低層建物がほとんどでしたが、町の一部には空襲で焼け残った木造住宅が密集するエリアもありました。その中には木造3階建ての長屋住宅が中空で路地をまたいで建っているような、海外の旧市街地のような場所があって、そこに住む友人を訪ねては、信じられないくらい低い天井高やほとんど窓のない室内、木造外壁そのままの内装部仕上げを楽しみました。家に帰って、共同住宅の屋上から昼間遊んだあたりを眺めるのが好きでしたね。

[Q3] 共同住宅はRC造で、窓枠は木製、2Kの住戸には浴室すらありませんでしたが、外部廊下には共同洗濯場があって、さらに屋上にでっかい物干広場になってました。建物の東西端にはそこへ上がるオープンな階段があって、その外気に開けた踊り場が鮮明に記憶に残ってます。2階でも3階でもない、その中間階レベルは子供にとっては十分な広さがあって、たぶんそこからは自分より大きな大人たちが行き交い、又洗濯をする姿を見下ろすことができて少し不思議な感覚を覚えました。

[Q4] 原風景とは言えませんが、実家が設計事務所だったので、少し大きくなってから見た「都市住宅」に載っていた掲載建築のアクソメを見たときに子供の頃遊んだあの踊り場が甦ってきて衝撃を覚えました。その頃から、建物の内部空間にいっそう興味をもつようになり、そのまま歳をとりましたから、これまでに設計をさせていただいた建物のすべてがあの頃の記憶から始まっているように思います。そういえば、子供の頃は何でも階段にしてしまおうと

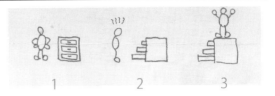

図5.1.17　家の中で遊ぶ
イラストは、アパートにあったタンスを階段にする遊び。家の中にあるものに何らかの法則づけをして遊んでいた。この他にも、畳の目に竹定規を何本も突き刺し柱のようにして、当時まだ珍しかったタオルで覆う、テントづくりも楽しかった。
（画像提供：鈴木えいじ氏）

写真5.1.21　すごろくオフィス（2011年8月竣工）
簡易な基礎の上に建つ解体移設が可能な鉄骨フレームに中古コンテナを組込んだ大建metのオフィス。移設可能な建築ユニットにより空地が駐車場にではなく、人やコトが動く場に転用されることを提案した。
（画像提供：鈴木えいじ氏）

考えてましたね。

(3) 原風景をインタビューして

二人の建築家の原風景は共通して、幼い頃の何気ない日常にあった。日々繰り返し行うことや、目にするものが、建築を職業としている今に、実は決定的な影響を及ぼしているようだ。

インタビューでは、異なる時代や場所で過ごしてきたはずの聞き手の頭の中に、あたかも自分の経験かのようにイメージが浮かんできた。これまでの記憶の断片が都合よく組み合わされ、共感できたのかもしれない。

自分自身の記憶を辿るなかで、「あのときは気付かなかったけど、今思うと…」というように、改めて記憶の整理がつくことがある。自分自身がどのような空間体験を積んでいるのか、あるいは、どのような趣向性があるのか、人とは異なるものなのかといったことだ。そこには、空間づくりの動機やヒントが数多く潜んでいるように思う。あなたも、人との会話や自分自身への問いかけのなかで「私の原風景」を考え、書き留めてみよう。

5.2　人の動きを考える・動線計画

5.2.1　領域の操作

建築において「領域」とは、敷地と周辺環境、室と外部、室同士などの取り合いを言う。内と外、開閉、公私、明暗のような二項対立の要素と、それらの中間や、どちらともいえない曖昧さに注目してみよう。「内のような外、外のような内」、「間（ま）」など、さまざまな空間操作を考えることができる。

(1)　領域 [territory]

地面に線を引くだけで「こちら」と「あちら」の世界が出来上がるように、領域は「境界」があって初めて認識できる。高塀のように向こう側の様子がわからないもの、柵のように隙間から垣間見られるもの、門のように人の出入りが可能なもの。境界の物理的状態にもさまざまある。

日本の習わしには、例えば、物理的には進入できるが暗に関係者以外の立入りを断る「関守石」がある。境界そのものを意識させると同時に、その前後の空気感が異なることを言葉なくそっと示す。ただし「暗に…」や「○○しやすい」「××しにくい」という感覚は文化が異なれば通じないことがある。だからといって、すべてを公用語で記せばよいわけではない。郷に入っては郷に従え。

図 5.2.1

写真 5.2.1　イタリア・ミラノ市内の街並み
高い塀で囲って街区をつくる。

写真 5.2.3　春日大社 一の鳥居（平安時代後期創建、現在のものは1638年（寛永11年）建立、国重文）　これより奥が春日大社へつづく参道。

写真 5.2.2　天授庵（1339年（暦応2年））
敷地周囲に空堀、石積みの基礎の上に白い塀がある。

写真 5.2.4　関守石（止め石）
縄を十字に結んだ石。これより奥への客の立ち入りを遠慮する合図。

(2) 曖昧な境界

　曖昧さというのは、物事の区切りをはっきりさせないことだ。例えば、障子は日本の伝統的な建具だが、空間を閉じつつ、室内に光を拡散して採り入れることができる。すべて開け放てば直射光も入れられる。雪見障子などは上部を隠しながら雪景色を楽しむなどできる。可動式というところも空間に自由度を与える要素だ。

(3) 緩衝空間 [buffer space]

　北国では、玄関から冬の寒さが入り込まないように風除室を設ける。また、劇場の扉は二度の開閉を要するが、途中の入退出者の出入りや音漏れで場内に支障がないように配慮している。このように、環境や質の異なる二つの空間を繋ぎ、両者のギャップを埋める空間を「緩衝空間」という。あるいは、内部でも外部でもないような曖昧な空間のことを指す場合もある。

(4) 人の流れと滞留

　領域を操作することは、そこで起こる人の流れと滞留の仕方をデザインすることだ。

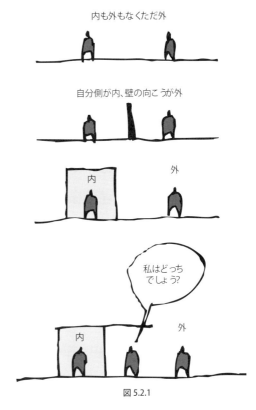

図 5.2.1

写真 5.2.5　東山慈照寺（銀閣寺）のアプローチ
総門から中門へ続く約 23 メートルの道は背の高い生垣の間を進む。

写真 5.2.7　富山県水墨美術館内茶室「墨光庵」（中村外二作、1998年竣工）雪見障子のある待合い。庭が地続きに広がる。

写真 5.2.6　豊島美術館カフェ・ショップ（西沢立衛設計、2010年竣工）輪をまたいで地べたに座る。知らない者同士が一つの輪で過ごす。

写真 5.2.8　武蔵野美術大学 美術館・図書館の外観（藤本壮介建築設計事務所設計、2013年竣工）周囲の森と書棚を繋ぐ空間。

5.2.2 空間の公共性

建築家ヘルツベルハーによると、パブリック [public] とプライベート [private] という対立概念は、「集団的な [collective]」と「個人的な [individual]」に言い換えることができる。近づきやすさ・入りやすさ、維持監理や責任の所在、所有権と管理との関係などによって、空間の性格は変化する。

(1) 公共性 [publicness]

公共 [public] とは、共同体と個人主義が前提にある概念で、個人的な行いが不特定多数の人たちに広く利益をもたらし、共同で行う方がより合理的であることをいう。公共性とは、「人間の生活の中で、他人や社会と相互に関わりあいを持つ時間や空間、または制度的な空間と私的な空間の間に介在する領域」（斉藤純一著：公共性、岩波書店、2000年）をいう。

(2) 公共空間 [public space]

公共空間とは、公（国や行政など）が整備するものに限らず、広く一般に開放された公共性の高い空間をいう。例えば、公園や広場、街路、駅、学校、病院、図書館などだ。誰もが無償で利用できる、あるいは、子どもや高齢者、その町の住人は無料の場合もある。公共空間の運営においては、管理が大変重要だ。誰が掃除するか、どこまでを一般に開き、どこからを裏方とするかなど。不特定多数の人にとって安心・安全で快適な空間が維持されるには、計画段階から何らかの仕掛けが必要である。

図 5.2.1

写真 5.2.9 フィンランド・ヘルシンキ中央駅に隣接する Railway Square 冬は「Icepark」としてアイススケートリンクになる（2006年〜）。さまざまな無料イベントも開催され、市の入口に相応しい賑わいを生んでいる。この他にも市内の各地区に6ヶ所の人工リンクが特設されている。写真左の建物はフィンランド国立劇場。

(3) ユニバーサルデザイン [universal design]

公共空間には不特定多数の人たちのためのデザインが求められる。しかし、不特定多数の人たちとは具体的にどのような存在だろうか。

デザインは《誰のため》の提案かを問うが、私たちは年齢や能力の違い、言語や文化の違いなど多様性を生きている。さまざまな人が共有する空間では、バリア（物理的・制度的・心理的障害）をできるだけつくらないのが原則だが、一方で、特定の人への配慮が、別の誰かのバリアになり得ることも忘れてはならない。

表 5.2.1 ユニバーサルデザインの7原則（ロナルド・メイス：米国ノースカロライナ州立大学ユニバーサルデザインセンター、1985年）

No.	項目		
1	Equitable use	どんな人でも公平に使えること
2	Flexibility in use	使う上での柔軟性があること
3	Simple and intuitive	使い方が簡単で自明であること
4	Perceptible information	必要な情報がすぐに分かること
5	Tolerance for error	うっかりミスを許容できること
6	Low physical effort	身体への過度な負担を必要としないこと
7	Size and space for approach and use	アクセスや利用のための十分な大きさと空間が確保されていること

(4) 共用空間 [common space]

一建物内に複数の利用者があるとき、共同で使用する空間のことを「共用空間」という。例えば、集合住宅でいうエントランスや廊下のような空間だ。

デパートや大型ショッピングセンターはテナントの共同体だ。近年では、来訪者がお金を払わなくても腰を下ろしてゆっくり足を休め、談笑できる空間が広々と設けられている。商業施設としては一見非効率な計画だが、居心地の良さが仕掛けられ、人々の滞在時間が延び、訪問回数が増し、売上にも繋がるようだ。また、建物内は人の眼があり、車の走行がなく、子どもの安全な遊び場にもなっている。

路面店の集まる商店街は、今日、再生と衰退の二極化を呈している。商店街の構成員が問題意識を共有し、共用空間であるアーケードを修復、交通規制をかけ道路を歩行者に開放するなど、新たな賑わいを獲得した事例もある。大型ショッピングセンターを敵視するのではなく、人々の生活とともにある職住近隣のコミュニティ形成が賑わいに直結している。

写真 5.2.10 KITTE 1階アトリウム
旧東京中央郵便局（吉田鉄郎設計）を一部保存・再生した地下1階・地上6階の商業施設。保存部分と新築部分に囲まれた三角形の余白を5層分の吹き抜け空間としてガラスの屋根で覆う。
（設計：三菱地所設計、隈研吾建築都市設計事務所、2013年竣工）

写真 5.2.12 黒壁スクエア（滋賀県長浜市）
黒壁ガラス館など29の建造物を拠点に、北国街道と周辺の通りを一帯として形成された長浜市内の旧市街の呼称。路上と沿道が一体となるガラスまつりや曳山などの祭事は地域随一の賑わいをみせる。

写真 5.2.11 KITTE 屋上庭園「KITTE ガーデン」
地上や高層ビルからの展望とは一味違う。歴史的建造物「東京駅」を間近に見下ろす人気スポットに設けられた屋外ファニチャー。

写真 5.2.13 （左）宮島表参道商店街（広島県廿日市市）
世界遺産のお膝元。晴天の日は日除けシートを出し、雨天の日は畳む。
△ （右）高松丸亀町商店街（香川県高松市）

5.2.3　子どもの寸法

子どものための建築・空間を設計する場合、まず子どもの身体寸法や活動特性などについて把握することが必要となる。特に乳児から小学生あたりまでの身体寸法は大人と大きく異なる。

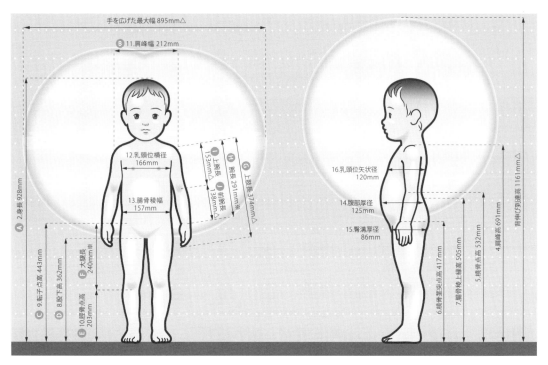

図5.2.2　三歳児の身体寸法（子どものからだ図鑑　キッズデザイン実践のためのデータブックより）

子どもが過ごす建築・空間の設計では、大人と身体の大きさが異なる点について配慮する必要がある。それは空間の大きさではなく、家具寸法に関わることが多いが、対象となる子どもの頭の大きさ、身体の幅などに注意する必要がある。家具では、特に食事の際に正しい姿勢となるように、テーブルの高さと椅子の高さを個々人の寸法に合わせて選択する必要がある。こどもにアクセスして欲しくないエリアに対しては、子どもが手を伸ばした高さや、よじ登る、飛び越えるなどの行為を想定して、対応を考える必要がある。このほか、2階以上に設置される柵など、子どもがすり抜けてしまっては大事故につながるような箇所では、特に注意が必要である。

一方、空間構成では大人との目線の高さが異なることにも配慮したい。特に保育所や幼稚園などの就学前施設では、大人の目線で空間の見え方をイメージしてしまうことが多いが、それは子どもからの空間の見え方と異なる。

また、日常的に子どもが過ごしている空間は、大人も使用するため、子どもの寸法について必要以上に配慮しすぎると子どもだけの特異な空間になってしまうことに注意が必要である。保育園や幼稚園では、幼児が座りやすい大便器が設置されているが、自宅と同じ大便器を用いている園もある。寸法だけにとらわれず、施主の思いに配慮するとともにその環境が「どう育ちにつながるか」をよく検討する必要がある。

表5.2.2　子どもの身体寸法（建築設計資料集成［人間］

	2歳	4歳	6歳	8歳	10歳	12歳
身長	88.3	101.5	112.9	男 124.6 女 123.6	男 135.8 女 135.8	男 147.3 女 148.5
座高	52.5	57.2	63.9	男 67.7 女 67.3	男 72.4 女 72.5	男 77.3 女 78.9
肩幅	23.0	25.4	27.6	男 30.7 女 30.5	男 33.7 女 33.3	男 36.4 女 36.7
股下高	33.9	41.4	48.1	男 54.6 女 55.0	男 61.2 女 62.0	男 67.7 女 69.0

単位：cm

5.2.4　子どもの日常・遊び

日常生活が日々忙しく感じる昨今、子どもも同様に時間的余裕が少なくなっているように思われる。子どもに関わる空間を考える前段階として、子どもの実情について把握したい。

写真5.2.14　建物の縁の下を探検している子ども

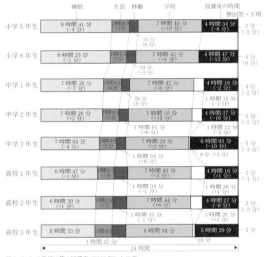

注1　( )の数値は第1回調査（2008年）との差
注2　部活動は中・高校生のみにたずねた
注3　放課後の時間は、遊び、勉強、習い事、メディア、人とすごす、その他の時間の合計
注4　遊び、勉強、習い事、メディア、人とすごす、その他に分類されている行動は、わずかに放課後以外の時間帯にも行われているが、それらも含めて放課後の時間として示した
注5　1回調査（2008年）では高3生は調査対象外

図5.2.3　一日の時間配分

「第2回放課後の生活時間調査2013年」ベネッセ教育総合研究所

子ども時代の経験はその後の人生に大きな影響を与える。子どもが過ごす場所を設計する際には、このことを肝に銘じ、より豊かな空間となるよう配慮したい。子どもは遊びを通して様々なことを学ぶが、近年では十分に遊ぶことが出来る時間が取れない「忙しい子ども」になっている。このほか、公園などで遊び内容が制限されて遊ぶ空間がなくなり、習い事などで友人と時間が合わず、一緒に遊ぶ仲間も少なくなっている。これら遊びに欠かせないサンマ（三間）、すなわち時間、空間、仲間が減少している

表5.2.3　子どもの身体寸法（建築設計資料集成[人間]より作成）

	キーワード	具体例
物的ハザード	不適切な配置	動線の交錯、幼児用遊具と小学生用遊具の混在
	遊具・設置面の設計・構造の不備	高低差、隙間、突起、接地面の凹凸
	不適切な遊具施工	基礎部分の不適切な露出
	不十分な維持管理	腐食、摩耗、劣化、ねじなどのゆるみの放置
人的ハザード	不適切な行動	ふざけて押す、突き飛ばす、動く遊具に近づく
	遊具の不適切な利用	過度の集中利用、使用制限中の遊具利用
	年齢、能力との不適合	幼児が単独であるいは保護者に勧められて小学生用遊具で遊ぶ
	不適切な服装	絡まりやすい紐のついた衣服やマフラー、サンダルや脱げやすい靴

今日、大人たちは以前より積極的に遊ぶことができる状況を担保する必要がある。大人や社会の価値観にも左右されるが、設計に当たっては「何を重視するか」を明確にする必要があろう。

遊び環境では、「危険を体験する」機会を奪わない配慮が重要である。そのためにはリスクとハザードについてきちんと認識し、有効なリスクを遊び環境に取り入れ、ハザードを適切に排除することが求められる。リスクとは子どもにとって事故の回避能力を養い、判断可能な危険性を指し、ハザードとは、子どもが判断不可能で重大な事故につながる危険性を指す。冒険心をかき立てられる物理的環境・空間を日常の中に用意し、見守ることができるかが求められる。

5.2.5 コミュニティ

集合住宅、業務系施設、教育研究系施設など、多くの人が集まって使用する建物を設計する際は、諸機能を満たす空間をどのように構成するかを考え、プログラムに則したコミュニティを考える。空間構成を秩序づけるのは、人の動きと流れ、公私のヒエラルキーである。目的を共有する者が同じ場所に集い、彼らの活動を増進させることが、建築の計画・設計に求められる。

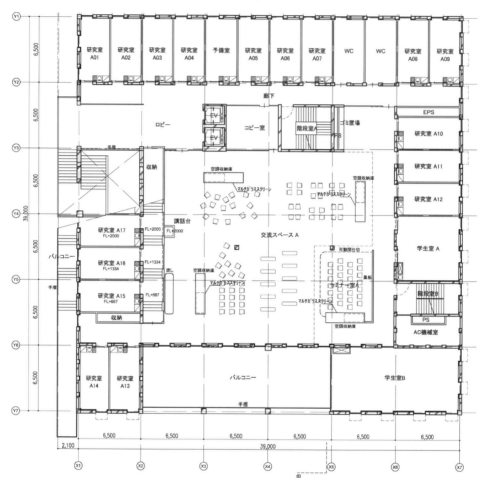

図 5.2.4　東京大学（柏）数物連携宇宙研究機構棟　3 階平面図

（設計：大野秀敏(設計総括)＋渡邊佐文建築設計事務所　以下 出典1)は同様）

図 5.2.5　2 階平面図 出典1)

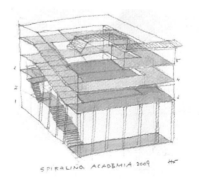

図 5.2.6　空間構成ダイアグラム 出典1)

写真 5.2.15　交流スペースA[出典1)]

写真 5.2.16　西側からみた外観[出典2)]

(1) 東京大学（柏）数物連携宇宙研究機構棟

世界中から集まった研究者が自由に交流し切磋琢磨できるように設計、建築された融合研究拠点。異分野間にまたがる共同研究の展開、創造的な研究に専念できる環境をつくるために、ユニークな空間構成が志向されている。下階（1、2階）に研究支援諸室、上階（3～5階）に研究者の活動空間が配される明快なゾーニング。上階のメインフロアである3階中央には、研究者たちが自由に討議できる大きな広場空間が計画された。この広場へは地上レベルのコロネードから大階段でアプローチできるようになっている。また、研究個室群がこの広場空間を螺旋状に囲い込み配置となっている。これらにより層構成による空間の分断が解消され、広場空間へゆるやかに人が集まる。さらに広場空間内で居心地よく集まれるように、家具と設備のレイアウトにも仕掛けが施されている。外部のデザインとしては、キャンパス内での人の動きに配慮し、コロネードの連続による周辺建物との協調が地上レベルで図られており、建物内に人を導く工夫がなされている。屋上は野外会議場として活用できるように計画され、創造的活動の緩急両面で利用できるようになっている。

(2) ヨコハマアパートメント

若手アーティスト向けに計画された集合住宅。地上レベルに天井高さ5mの共有広場を大胆に設けた設計。この共有広場は制作・展示スペースでもあり、住人共用のLDKとなっている。上層の私有スペースへは各々の専用階段で繋がる。この専用階段が作り出す距離感が様々な生活の共存を成り立たせている。この建物は小住宅が密集するエリアに建つ故に一層、この地上の共有広場が社会的な意味を持っている。

2階平面図

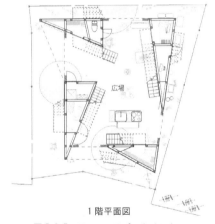

1階平面図

図 5.2.7　ヨコハマアパートメント
(出典：オンデザインパートナーズ　以下[出典3)]は同様)

写真 5.2.17　地上階の広場[出典3)]

5.3 機能する・プランニング

5.3.1 平面で考える

　図面は様々な段階の目的に応じて作成される。スケッチ、エスキス図、基本設計図面、実施設計図面、維持管理図面、展示用図面など。平面図、立面図、断面図などによって的確に設計意図を表現したい。手描き、CADのほか、近年はBIMも積極的に活用される。さらに建築物は立体物であるので模型が大いに活用される。ここでは、建築設計の構想段階において、敷地や周辺環境の条件、依頼主の要望をふまえて形や空間を練り上げて表現する際の図面の役割を確認する。平面図は、特に広さ、諸機能、空間構成に注力して表現されるものであり、それらについての提案意図をまとめるための道具でもある。

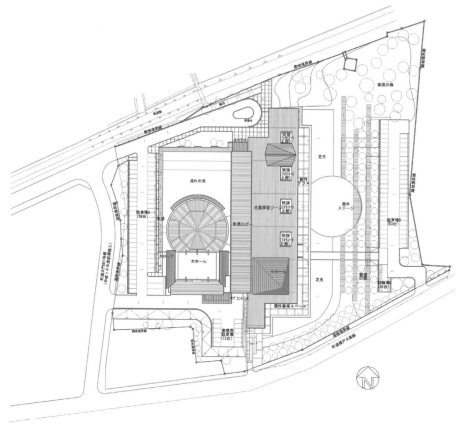

図 5.3.1　武豊町民会館　配置図
（設計：都市造形研究所　以下 出典4) は同様）

(1)　武豊町民会館

　住民主体の事業展開、住民参加による文化創造、地域からの文化発信、文化による町づくりをコンセプトに設計された複合文化施設。

　風光明媚な自然の残る丘陵地に建つ。立体感の際立つ造形の建築物。市民が自由に出入りできるという思想を建築的に具現化するため、全方位から出入りできる構成をとっている。地域の文化施設に求められる多様な余条件に対して、丘の上の広い敷地という長所を活かした明快なゾーニングにより、利用者にとって使い勝手のよい空間構成となっている。

写真 5.3.1　武豊町民会館　外観 出典4)

駐車場とランドスケープの調和にも配慮されている。

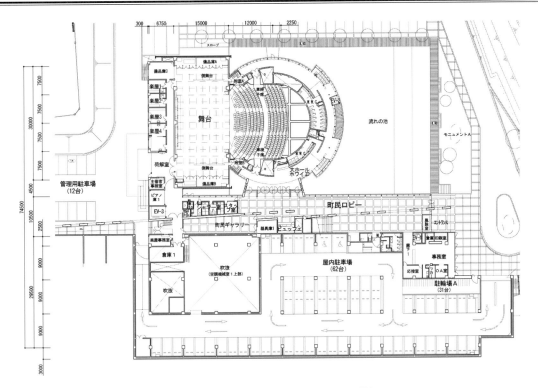

図 5.3.2 武豊町民会館 地下1階平面図[出典4]

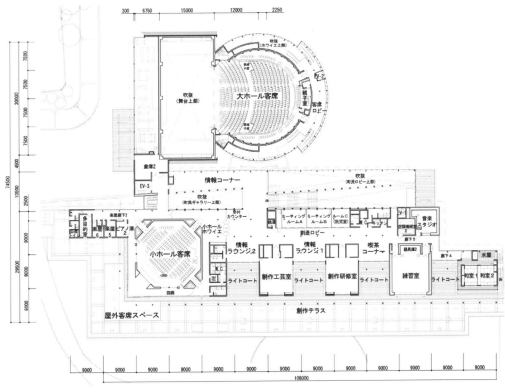

図 5.3.3 武豊町民会館 1階平面図[出典4]

5.3 機能する・プランニング

5.3.2 断面で考える・立面で考える

　断面を考えるとは、まず空間の高さ関係を考えることである。個々の空間の高さの設定から建物全体の階層構成までを検討していく。高低差がある敷地の場合にはその検討は建物の内外関係にまで達し、必要機能が複層にまたがる場合にはどのように連結・分断するかが計画の要点となる。こうした機能の立体的な構成が外観としてどのような姿（立面）となるのかは建物の印象に大きく作用するので特に配慮が必要である。

写真5.3.2　武豊町民会館　交流広場からみた外観[出典4]

写真5.3.3　流れの池からみた回廊[出典4]

写真5.3.4　回廊[出典4]

(1) 武豊町民会館

　この建物のある敷地は東西方向に高低差があり、その高低差を活かして建物のヴォリューム配置し、シンボリックな造形を際立たせた西側外観と穏やかな東側外観を作り出してる。具体的には敷地の低い側に大ホール、高い側に小ホール、高さの切り替わる中央部分にエントランスロビーを配置されている。複雑になりがちがホール付き複合施設において、高さを抑えたヴォリューム構成と明快な動線計画を実現している。ホール空間に求められる音響・

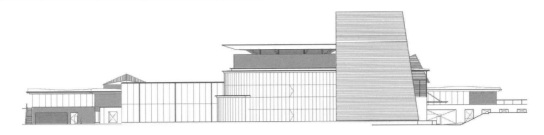

図 5.3.4　武豊町民会館　西側立面図[出典 4]

図 5.3.5　武豊町民会館　北側立面図[出典 4]

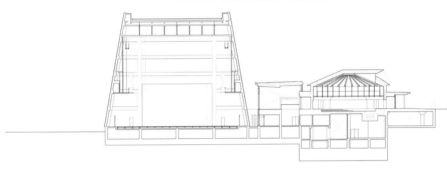

図 5.3.6　武豊町民会館　断面図[出典 4]

写真 5.3.5　輝きホール[出典 4]

写真 5.3.6　響きホール[出典 4]

照明など機能の検討に加えて、建物全体の中でのボリュームのデザインも断面と立面を横断しながら立体的に考えられている。断面・立面で検討しなければならないのはヴォリュームについてだけではない。部位の交差部分や末端の意匠についての納まりを部分断面図を描いて考える。天井懐や床下部分における設備の取り回しの確認にも必要である。外壁面材の割り付けや開口部と枠部のデザインは立面や展開図で確認できるように表現する手順が理解しやすい。

5.3　機能する・プランニング　　95

5.4 考えをまとめる

5.4.1 ディスカッション

建築設計の過程では、与条件を読み解く、使い手のニーズを把握する、設計のアイデアを纏めるなど、各段階で意見の収集、情報の交換を行い、多くの人々と協力しながらゴールに向かって構想の研鑽が行われる。ここでは考えを纏める作業を実質的なものとするための手法とその効果を紹介する。

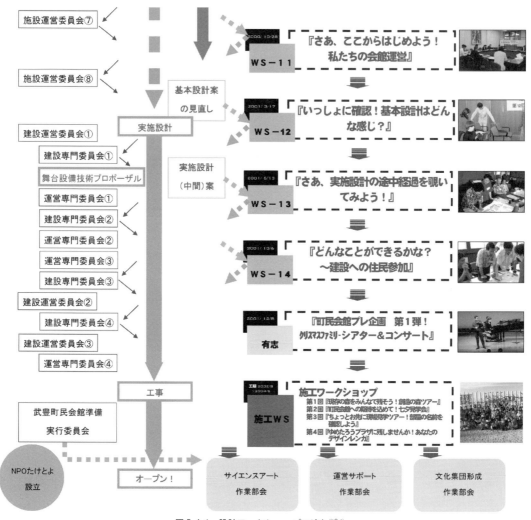

図5.4.1 設計ワークショップの流れ(出典4)

(1) まちづくりワークショップ

ワークショップとは、問題解決、創造、体験学習、トレーニングのための手法である。住民参加型のまちづくりにおける合意形成の手法としてよく用いられている。参加者が自発的に作業や発言を行える場を整えて、計画に対する深い理解を促すことで、地域の課題解決に住民が主体的に関われるようにする。ファシリテーターと呼ばれる司会進行役がディスカッションへ適切に介入し、体験共有、意見表出、意見集約を促進させる。建築家や都市計画家がその役割を担うことでよりよいまちづくりへとつなげることが期待される。

(2) ワークショップ事例

武豊町民会館は住民参加型ワークショップにより、行政・住民・つくり手の三位一体の施設づくりが行われた。建物に対する使い勝手、管理方法、館の愛称などに至るまでの様々な問題が相互協議され、意見がまとめ上げられた。ここで実行された参

図 5.4.2　ワークショップ：グループシートまとめ[出典4]

加者同士のシンプルな対話の積み重ねは、地域における公共性や環境・文化を育み、建築を継続的に活かして行く方策を導き出す手段となっている。ワークショップの成果は、地形と景観に配慮しエントランスロビー階を地階とする床レベル設定、鑑賞機能を備えたホールと生涯学習機能をロビーから緩やかに分節する解法、雨水再利用機能を備えた屋根などに反映されている。実際の使い手となる住民の声に耳を傾けつつ、設計思想を丁寧に説明する、という意見を集約する作業を経由することにより、建築への理解度は確実に培われ、この新たな地域中核コミュニティが完成後、活発に活用される下地となっている。

(3) PDCA サイクル

Plan・Do・Check・Action の頭文字をとった言葉。元々は生産管理や品質管理などの管理業務を円滑化を図るための手法であるが、計画を立てる際にも応用されている。Plan（具体的な計画）～ Do（実施・進捗確認）～ Check（検証・評価）～ Action（改善・処置）の 4 段階を行い、最後の Action を次の Plan につなげて継続的に改善を図り、ものごとの質を高めていく。

(4) デザイン・シンキング

新たなニーズを掘り起こしそれに応える提案を生み出すために発案された手法。優れたデザイナーや識者の思考方法をまねてアイデアを練っていく方法論。技術や市場をベースにものごとを考える発想方法に対して、生活者の行動や想いなどを起点にする。自分が欲するものを的確に理解している人間は意外と少ない。隠れて見えていない本当に求められているものが明確になるまで、現状把握～試作と検証～発想のプロセスをくり返し実行する。

図 5.4.3　PDCA サイクルの流れ

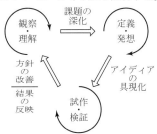

図 5.4.4　デザイン・シンキングの流れ

5.5　空間を組み立てる

5.5.1　構造体

　安心して空間を利用するためには、構造体について検討する必要がある。端的にいうと構造体とは、外力と自重などを地盤に受け流すものである。設計課題においては、要求機能や環境条件などにより構造（種別と形式）が指定されていることは多い。構造計画の基礎知識をふまえた上で、構想した空間と機能に適した構造体を提案したい。ときには新しい構造を創造することも求められるだろう。

写真 5.5.1　国際教養大学図書館ライブラリーホール
（設計：環境デザイン研究所　以下 出典5) は同様）

写真 5.5.2　国際教養大学図書館ライブラリーホール

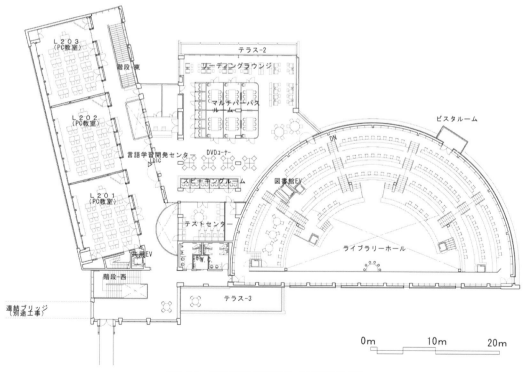

図 5.5.1　国際教養大学図書館　2階平面図　出典5)

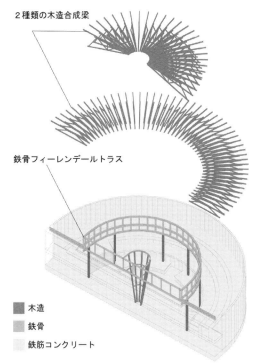

建て方の手順　　　　構造システムのモデル図
図5.5.2　国際教育大学図書館ライブラリーホール構造システム[出典5]

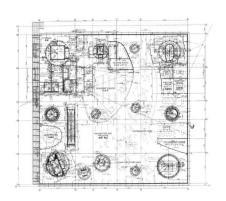

図5.5.3　せんだいメディアテーク6階平面図
（設計：伊東豊雄建築設計事務所　以下[出典6]は同様）

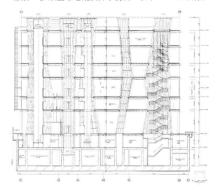

図5.5.4　せんだいメディアテーク断面図[出典6]

(1) 空間の印象を導く架構

　国際教養大学図書館ライブラリーホール（2008）は秋田杉を構造に積極的に活用し、木と本に包まれた図書空間を実現している。半円形の空間に対して、放射状に登り梁を配列する架構となっている。登り梁には径5〜8寸、長さ4〜8m程度の秋田杉の芯持材を使用、小径木で構成する工夫がなされている。また150cmの積雪に耐えるため木と鋼の混合構造が採用された。架構と書架がつくりだす空間の全体感は表現性に富むだけでなく、動的な図書機能に明快さを与えている。

(2) 近代建築を乗り越える試み

　空間を組み立ては、機能を妨げない合理的な構造体を検討することからはじまる。近代建築の原型として提唱されたドミノ・システムやユニバーサル・スペースは最小限の構造体で自由な機能を獲得することを目指した。せんだいメディアテーク（2000）では、電子メディアを扱うこれまでにない施設のための新しい構造形式として、均等な柱・梁・壁・床の構成からの脱却を試みている。不均等に配置された樹状のチューブ（鋼管トラス構造）が階高の異なるプレート（ハニカムスラブ）を突き抜ける複雑な構成はミニマルな建築ビジョンから構築されたものである。

(3) スパンの目安

　日頃我々が使っている建物はラーメン構造を基本とし、必要に応じて耐震壁やブレースで補強されたものがほとんどである。RC造、S造など構造種別ごとに経済的な梁のスパン範囲があり、必要以上に大スパンとすると梁や柱の断面寸法が大きくなり不経済である上、使いにくくなることもある。施工性、耐震性、居住性、大スパンの必要性などにより合成構造や混合構造が用いられる。

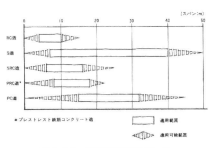

図5.5.5　構造種別の適用スパン

（出典：小畠克朗、谷口英武『新建築構法：S造とRC造
　　　その発想の原点から施工まで』、建築技術、2008）

5.5.2 ファサード

　近代から現代にかけて建築のファサードは、室内空間に即した透明性の高いデザインが好まれる傾向にあったが、昨今は、周辺への景観的配慮からコンテクストに沿った意匠や、環境工学的な側面から気候制御装置としての性能とデザインが求められるようになってきている。

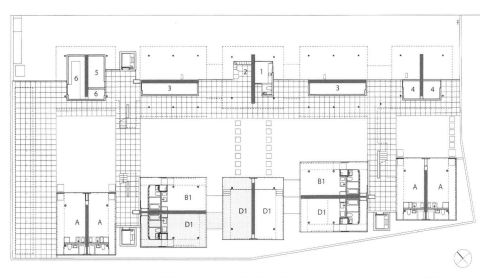

図5.5.6　洗足の連結住棟　1階平面図（出典：DETAL JAPAN 以下 出典8,9）は同様）

(1) 賃貸集合住宅における内外関係

　洗足の連結住棟（2006）は8.1m角と5.1m角の住棟を交互に連結し、2列平行に並べて中庭をつくる構成となっている。各住棟の立面はフルハイトガラス窓とし、外周まわりに縁側的なスペースを設けることで、住人が各自でプライバシーを調整する構成となっている。一般的な公団型マンションよりも戸建て住宅に近い開放感があり、SOHOやアトリエなど住居以外の用途への活用性も高い。構造面では、住棟中央部の構造壁を隣り合う住棟同士で直交するように配置し、並列する5住棟をバルコニーによって連結することで耐震性を増す工夫が取られている。

(2) マジックランタン

　メゾン・エルメス（2001）は主に45cm角のガラスブロックによりファサードが形成されている。一枚布のドレスのようなこのファサードは、ガラスブロックの中空層にマリオン化したフレームを埋め込むことで実現している。質感にこだわったこの外装は、近景から遠景まで一目でそれとわかるシンボル性を獲得し、ブティック建築として昼の静謐さと夜の瀟洒さを現出させている。

写真5.5.3　洗足の連結住棟　外観 出典8,9）

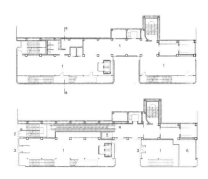

写真5.5.4　メゾン・エルメス　外観と平面図 出典8,9）

(a) 基準階平面図　　　　　　　　　(b) 断面図

図 5.5.7　旧ソニーシティ大崎
（出典：サステナブル・アーキテクチャー以下 [出典10] は同様）

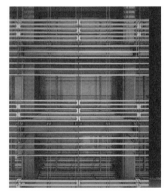

写真 5.5.5　旧ソニーシティ大崎外観詳細[出典10]

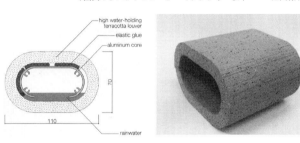

図 5.5.8　旧ソニーシティ大崎　ルーバー詳細図[出典10]

(3) ファサードエンジニアリング

旧ソニーシティ大崎（2011）は利他的な環境装置を備えた大規模建築である。外装は方位に即して計画され、西側には EV などコア部を配し、西日を遮り、南側には庇を兼ねた太陽光パネルを設置している。東側の全面にはテラコッタルーバーが設けられ、その内部に雨水を循環させ、気化熱による冷却効果を発生させる装置となっており、これによりワークプレイスの熱負荷低減とともに周辺のヒートアイランド現象抑制に貢献している。

(4) 構成要素を極限までそぎ落とす

ストロングビルディング（2005）は迫り出したフラットスラブ、奥方の耐震壁、鉄骨無垢柱、ステンレス手すりパネルで構成された自走式駐車場ビル。意匠・構造・設備・施工が協業してミニマリズムを徹底し、建築の原型的造形が持つ美しさをまちなみに対置させている。

写真 5.5.6　ストロングビルディング

5.5.3　配置の手法・距離の取り方 1

　空間群の配置の方法として、線状に並べる、面的に敷き詰める、積み上げる、ずらす、傾ける、重ねる、貫入させる、間をとるなどの構成がある。さらに、個々の空間の機能を考慮し、空間の大小および閉鎖・開放の操作も合わせて、実際の空間構成を検討する必要がある。

図 5.5.9　森×hako　アクソメトリック
（設計：前田啓介／UID 以下 (出典11) は同様）

写真 5.5.7　森×hako ワークスペース(出典11)

写真 5.5.8　森×hako ワークスペース(出典11)

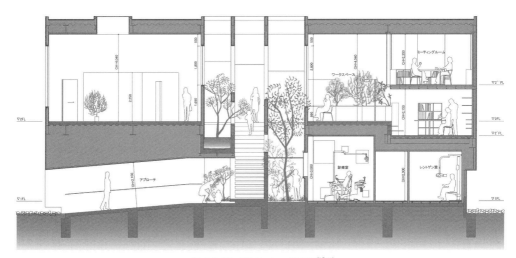

図 5.5.10　森 × hako　断面図[出典11]

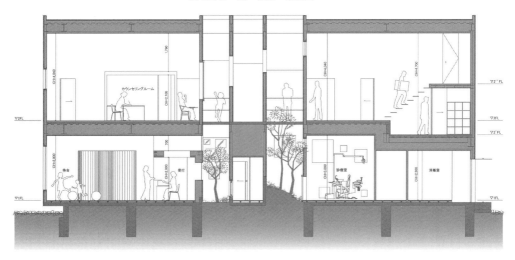

図 5.5.11　森 × hako　断面図[出典11]

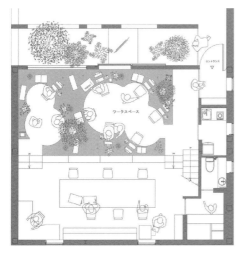

図 5.5.12　森 × hako　ワークスペース部分平面図[出典11]

(1) 空間の組立て方の工夫で新しい価値観を創出する

テナントビルとしての事業性重視を前提としつつ、時代を反映した魅力的な価値観の創出に挑戦した建物。間口の狭い短冊状の敷地において、敷地の奥でも手前と同等もしくはそれ以上の価値を与えることを目標に、ユニークな空間原理の試行がなされている。手前と奥のテナントスペースの間に「森のハコ」と呼ばれる間が設けられている。この「森のハコ」を形成する4枚の壁（レイヤー）に設けられたランダムな窓により視覚的な連結と分節が生み出されている。テナント同士のプライバシーを確保しつつ、心理的距離感の増幅、空間体験の意外性という付加価値が創出されている。

5.5.4　配置の手法・距離の取り方2

　その施設が備えるべき機能と役割を精査して全体の配置を決める。機能毎の単位空間を寄せ集めたに留まらぬように、利用者と管理者の双方の意向を汲んだ場所作りが望まれる。周辺環境の特長を生かし、明るさの変化や空気の流れにまで配慮したい。人の動き、身体の大きさ、椅子座か床座かによっても居心地は変わる。集中できる場所、寛げる場所といった場所性は人との距離の取り方からデザインするとよい。

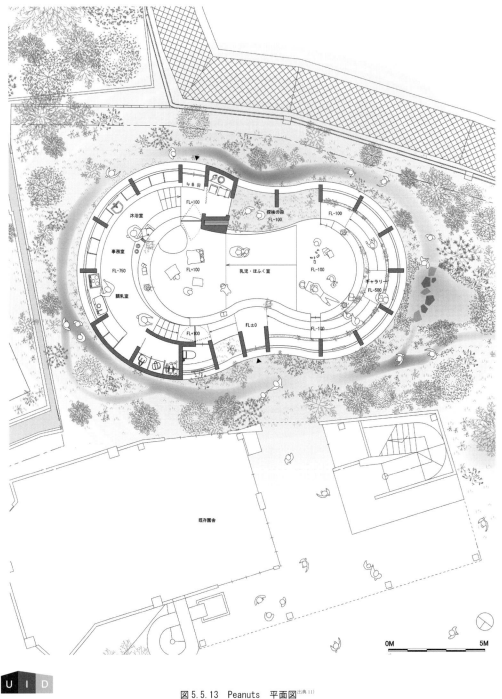

図 5.5.13　Peanuts　平面図 出典 11)

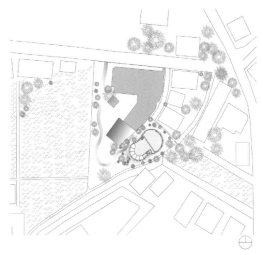

図 5.5.14 Peanuts 配置図[出典 1)]

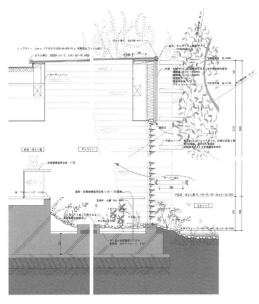

図 5.5.16 Peanuts 断面詳細図[出典 1)]

図 5.5.15 Peanuts アクソメトリック[出典 1)]

写真 5.5.9 Peanuts ほふく室[出典 1)]

(1) 認定こども園つくし 0歳児乳児棟

既存の背面に併設された保育園施設である。ゆとりのない敷地の中に里山のようなランドスケープを形成し、屋外を密度の薄い剰余空間としていない。建物の外周壁は、内外を隔絶する面構成を避け、かつ、内部としてのまとまり感も維持するため、すきまのある積層ルーバーとなっている。その壁に沿って室内にギャラリーがリング状に設けられており、中央の乳児室とほふく室を包んでいる。

乳児室とほふく室に設けられた 1/20 の傾斜は、乳児に大地の風景を感じさせる工夫である。また管理領域の床高さを下げることで、乳児と大人の目線をそろえて、大人と子どもの距離を縮める工夫といえる。皮膜と平面と断面の工夫の足し算により、明快でありながら単調ではない空間を通して、見て感じて学ぶという乳児のコミュニケーションが組み立てられている。

5.5 空間を組み立てる

5.5.5 配置の手法・距離の取り方3

　古い校舎の建替にあたり、学年毎のエリアの分節を基本としつつ、既存校舎との連結、敷地拡張に伴う隣家の取り込みなど、リノベーション・コンバージョン要素を含んだ設計の中で様々な配置計画、距離の取り方がみられる小学校の実例である。

図5.5.17　伊那東小学校　1階平面図

（設計：みかんぐみ　以下 出典(12) は同様）

図 5.5.18 伊那東小学校　2階平面図[出典12]

写真 5.5.10　図書スペース[出典12]

写真 5.5.11　学習スペース[出典12]

写真 5.5.12　テラス[出典12]

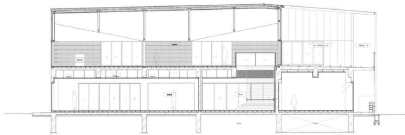

図 5.5.19　伊那東小学校　断面図[出典12]

(2) 伊那東小学校

　新校舎は敷地西側にあり、建物は南北に長いL字型の2階建。随所に凹みを持ち、この空間は中庭やテラス、菜園となっている。これらが内外空間の連続性、そしてゾーニング計画のアクセントとなっている。構造形式は、空間に応じて合理的に選択され、1階は主にRC造、2階は軽やかな鉄骨トラス構造。格子状の梁組が各空間に特長を与える。流れる雲が連続したような2階の天井が特に印象的である。図書スペースを中心とした特別教室のネットワークなど、多様な教育が展開できるプログラム計画となっている。住民の要望により学校の象徴として残されたコヒガンサクラの大樹、塀のない校庭づくり、教室の使い方の工夫、ワークショップの実施など、時間・社会・空間の隔たりをなくした建築となっている。

第 6 章　しつらえる／設え／室礼／インテリア

　建築は人が創り出すものであり、かつ、人が使うものでもある。つまり建築の竣工とは終着点ではなく通過点であり、建築設計はその先まで考慮する必要がある。建築空間を常に人が使用し、常にそこで活動し続けることを可能にするためには、創り出す空間に機能性・快適性を与え、さらには意匠性・耐久性まで配慮しなくてはならない。本章では、日本の伝統的な建築様式を参考に、建築の外部と内部の繋がり、室内空間や室内装備について考えてみる。

6.1 設える

6.1.1 機能性・快適性の追求

　人間が高度な技術を用いて建築を作り始めるよりも前、原始の時代に生活していた人々はどのように身を休めていたのだろうか。草原の真ん中で気ままに横になったり（写真6.1.1）、手頃な洞くつや岩陰を見つけて身を隠したり（写真6.1.2）、それらはその瞬間は十分に機能を果たすパーソナルスペースとなる。しかし、そういった空間で持続的に快適性や安全性が確保されるとは限らない。そこで、人々は様々な工夫を考案してきた。強い日射や雨を防ぐ「屋根」（写真6.1.3）、屋根と地面の隙間からの風や視線の侵入を遮る「壁」（写真6.1.4）、地面のぬかるみや冷たさを避ける「床」（写真6.1.5）。さらにこれらすべてを組み合わせた建築を利用する生活は、それ以前よりもはるかに安全かつ快適で機能的な生活を営むことを可能にした（写真6.1.6）。加えて、人間が建築に求める欲求は、耐久性はもちろん意匠性にまで及んでいる。

写真6.1.1　草原の真ん中

写真6.1.2　洞くつ

写真6.1.3　屋根のある建築

写真6.1.4　壁のある建築

写真6.1.5　床のある建築

写真6.1.6　屋根・壁・床を備えた建築

6.1.2 常設の空間・仮設の空間

　日常生活をより豊かに過ごすために機能性や快適性を追求する常設の空間がある一方で、あえて長期的な耐久性は考慮しない仮設の空間もある。例えば、昔から各地域で催される祭事、催事のための空間である。田畑での収穫を喜び農耕の神々への感謝をささげたり、歌舞伎や相撲等を観ることで遊興したりする空間は、一年の（場合によっては複数年に一度の）ある一日にだけ突然現れる仮設の空間とされることも多い。仮設の空間では、特別な空間を演出するための非日常性を重視して、屋根・壁・床といった建築の基本的な構成要素のいずれかでさえ省略されることもあり、空間内を特殊な装飾で設えることもある（写真6.1.7～6.1.8）。

　一方で、現代の建設工事現場における足場等も仮設の空間を構成する。この場合は安全性を確保した上で、機能性（作業性）を重視した空間となるが、空間内は装飾ではなく効率的な作業を可能にするために設えられる（写真6.1.9～6.1.10）。

写真6.1.7　神社境内（屋外）を仮設の劇場（室内）とした空間

写真6.1.8　仮設の屋台

写真6.1.9　仮設の足場

写真6.1.10　仮設の現場事務所

6.2 繋げる／室内と外部・室と室

6.2.1 空間の繋がり

　空間のボリュームや構成、周辺環境と建築の関係性等を入念に検討する必要性については他章で述べた通りである。ここではさらに空間と空間の繋がりを考えてみる（写真6.2.1～6.2.3）。単一建築内の個々の空間にはそれぞれに求められる機能に従って、与えられた役割がある。それぞれの空間の繋がりを想像し、一つの建築にまとめていく作業も設計において重要である。具体的には、室内と外部・居室と廊下・室と室、それぞれの間に共通なイメージを与え一体感を出すのか（写真6.2.4）、それともあえて異なるイメージで場面転換的な効果を図るのか（写真6.2.5）、道路から敷地へ―エントランスから室内へ―そして室内での移動、動線と合わせて空間の繋がりや関係性を計画した建築は、あたかも一つの舞台芸術のように豊かな空間演出を可能とするのである。

写真6.2.1　室内と外部の繋がり

写真6.2.4　一体感のある空間

写真6.2.2　居室と廊下の繋がり

写真6.2.5　日常から非日常へ

(1) 空間演出

　いつもの見慣れた通りが、1つの空間装置によって特別な通りへと変化する。

写真6.2.3　洋室と和室の繋がり

写真6.2.6　門形の垂れ幕により車道がマーケットに変化

写真6.2.7　祭りの日の飾り付け

(2) 鳥居

　神社の出入口に見られる鳥居は、聖なる神域と俗世の境界を示しており、現代でも鳥居の手前で一礼してから通過する人を多く見かける。二本の柱と笠木や貫だけのシンプルな構造物ではあるが（物質的・視覚的ではなく精神的に）空間の機能を二分化する例である。

写真6.2.8　不可視の境界

(3) 道祖神・地蔵

　集落の入口や中心、村境の道傍に置かれる道祖神や地蔵は、村の安穏や子孫繁栄・往来者の安全等を祈願しているが、様々な領域を区切る結界としての役割も持っている。

写真6.2.9　集落の入口

(4) 花見の場所取り

　花見や花火見物、運動会等屋外での催事の際、レジャーシートや段ボール、新聞紙等での場所取りは日常茶飯事である。公園や河川敷等の何もない広い屋外空間が、薄い敷物1枚によって機能そして使用者を限定する空間へと変換される。靴を脱いでの利用・関係者以外立ち入り禁止・少しの間留守にしても利用権は保持されるといった暗黙のルールの発生は、あたかもそこに見えない建築空間が存在するかのようである。

写真6.2.10　多集団による場所取り

(5) 暖簾（のれん）

　商店の店先に掛かる暖簾は空間に対してどのような意味を持つのか。建築の（店の）内外の境界を示す機能の他にも、扉開放時に不要な店内への視線の侵入を抑える、店の格式を示す、店名・業種を（屋号や文字によって）示す、利用者の区別をする（例えば、風呂屋の男湯と女湯）、店のファサードデザインの一部といった様々な意味が考えられる。

写真6.2.11　店先の暖簾

写真6.2.12　風呂屋の暖簾

6.2.2 ひさし・えんがわ

　伝統的な日本建築の特徴として、奥行きの深い「ひさし」とその下に創出される「えんがわ」の空間が挙げられる。この空間は、視線や音や温熱環境のバッファゾーンでありながら、フレキシブルに機能や利用者の変更を可能とする。例えば、庭先に面した居室から広がるえんがわは、春のお花見・夏の夜の夕涼み・秋のお月見・冬の昼下がりのひなたぼっこ・ご近所さんとのご挨拶・晴れた日の日除け・雨の日の遊び場等、四季折々・時々刻々と異なる空間を提供する。また、道に面して伸びたひさしによる軒下の空間は、雨宿りやちょっとした休憩場所として誰でも利用可能である。

写真6.2.13　ひさしによって創られる広いえんがわの空間

写真6.2.14　ひさし

写真6.2.15　えんがわ

(1) 通りに面した軒下

　例えば、夏の夜に街の通りを封鎖して開催される盆踊り。突然の雨に参加者達が、通りに面した商店の軒下に避難する。一緒に雨宿りする他人との会話、開口された建具の奥に続く土間や座敷にいる店主との会話、空間の繋がりによって様々なコミュニケーションが生まれる。

写真6.2.16　軒下での休憩

写真6.2.17　通りに面した軒下空間

6.2.3 建具

　空間と空間の境目は多くの場合、出入口や窓といった開口部となっており、そこに取り付けられるのが建具である。建具は、回転させる「開き」とスライドさせる「引き」等、開閉方式によって分類される。取り付け部分を垂直軸として回転し可動する例として、両開き・片開き・回転形式、軸を水平に回転する例として突き上げ・ジャロジー窓形式がある。一方、スライドし可動する例として、引違い・片引き・引分け・引込み・上げ下げ形式がある。この他にも、折り畳みやシャッターといった形式もある。これらは、周囲の空きスペース（例えば、開き戸を開放すると建具は空間の障害物となる）、必要な開放面積（引違いでは最大で開口部面積の半分しか開放できない）、気密性や雨仕舞等を考慮して使い分けなければならない。

写真6.2.18　両開き

写真6.2.19　突き上げ

写真6.2.20　回転

写真6.2.21　引違い

写真6.2.22　引分け

写真6.2.23　上げ下げ

　上記の可動式の建具の他に、はめ殺し形式といった固定式の建具もある。例としては、通風は不要だが採光は必要といった場合のはめ殺し窓が一般的だが、古代エジプト建築に見られる死者の魂が出入りするために設けられた（石材に彫刻を施す等して扉を模した）偽扉や、ミケランジェロによるサン・ロレンツォ聖堂付属図書館階段室の開かない（見せかけの）窓もその一種といえる。このように建具は、空間へ機能性・快適性をもたらすだけではなく、空間に連続性を与える意匠的要素、または時空を超える概念的要素としての働きをもたらす装置として利用することもできる。

写真6.2.24　サン・ロレンツォ聖堂付属図書館階段室
（画：竹中賢哉）

6.2　繋げる／室内と外部・室と室

6.3 空ける・備え付ける／室内空間

6.3.1 空ける空間

　設計段階で空間の機能を限定することなく、多様な用途を許容する空間として寝殿造が挙げられる。寝殿や対屋、渡殿、透渡殿と呼ばれる板敷きの広い空間は、少人数から大人数まで、日常生活から儀礼まで、使用用途に応じて様々な道具を持ち寄ることによって利用された。このような利用形態を固定せずに「空ける」ことを意識した空間、詳細な使い方の選択をユーザーへと委ねた空間設定も時には必要である。

写真6.3.1　空ける空間

(1) 間仕切り装置

　場面に応じて、間仕切り、目隠し、風除け・日除け等といった機能を調整するために、衝立・屏風・几帳・御簾・壁代といった装置が使われる。人間が何か活動を行うとき、衝立・屏風・几帳は適宜移動して設置されることで、その目的や人数等に適した空間スケールを提供する。また御簾・壁代は垂らす、または巻き上げ・取り外しにより、常に最適な空間環境を作り出すことが可能である。さらにこれらの装置すべてにおいて、忘れてはならない重要な機能は「装飾性」である。例えば、『源氏物語絵巻』に描かれているように、寝殿造の室内空間は、上記の装置や次項の道具類の一義的な機能のみを求めているのではなく、その色や質感、形や紋様に至るまで総合的に設計、インテリア計画がなされていることが分かる。

(2) 衝立 (ついたて)

　襖障子や板障子等、障壁となるものに台脚を取り付けて自立させた調度品。現代では、例えば飲食店にて隣り合った2つの席の間や、和風建築の玄関を入った正面等での使用が見かけられる。

写真6.3.2　衝立

(3) 屏風 (びょうぶ)

　仕切りや装飾に用いられる調度品。祝い事、例えば結婚式等にて注目を集める主役の背後に設置されている金屏風から、絵画が描かれた屏風絵として美術館等で展示されるものまで、現代でも目にする機会は比較的多い。使用しないときには折り畳んで片付けることが可能である。

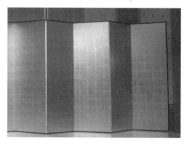

写真6.3.3　屏風

(4) 几帳（きちょう）、壁代（かべしろ）

T字型の骨組みに垂れ衣を掛ける几帳や空間を隔るために布を垂らす壁代は、素材の質感、揺らいで風を通すこと、そして隙間から向こう側の様子を垣間見ることが可能な点が特徴。衝立や屏風とは異なり、柔らかく空間を仕切ることができる。

写真6.3.4 柔らかく間仕切る

写真6.3.5 布で間仕切る

(5) 座具

寝殿造の板敷きの空間において着座する際には、適宜必要な場所に座具を持ち寄り使用していた。座具には、藁を編んだ円座、置畳、しとねと呼ばれる畳等の上に敷く敷物があった。現代建築においては、床座か椅子座か選択した上で各居室に椅子やじゅうたん、緞通といった様々な座具や関連する装備が使用されている。

(6) 置畳

必要な時に、必要な箇所、必要な数のみ置いて使用する置畳は、いわば現在の座布団と同様な使い方であった。置畳の広さや枚数、畳縁の色彩や紋様によって身分が表されていた。

写真6.3.6 置畳

(7) 収納具、その他の調度

読み書きの道具や書籍、化粧道具等を収納する移動式の収納具として、厨子棚や二階棚が利用されていた。また、床に座して読み書きに使用する文机も用いられた。

写真6.3.7 移動して使う棚

写真6.3.8 文机

(8) 卓袱台（ちゃぶだい）

床座での食事の際、個別に食器が載せられた膳が多く用いられていたが、明治中期頃から昭和中期頃にかけて卓袱台が普及した。必要のない時は（可能であれば脚を折り畳んで）片付けて部屋を広く使え、食事の際には中央に設置することで空間をただちにダイニングルームへと変えることが可能である。

写真6.3.9 卓袱台　　写真6.3.10 膳

(9) 室礼（しつらい）

客人の来訪等といった場面に応じて空間の広さを調整し、必要に応じて各種調度を配置するといった準備を行うことを設える＝室礼という。

写真6.3.11 雛人形に見られる室礼

6.3.2 備え付ける空間

　設計段階で空間の使い方を想定し、効率的な使用を求めて必要な設備を「備え付ける」空間として書院造が挙げられる。建具によって細かく間仕切られ、畳が敷き詰められた居室には、違い棚・付書院・床の間等といった座敷飾りが設けられ、収納・読み書き・展示といった機能が造り付けの装備によって満たされる。使い方をもデザインすること、また定型化した装備を必要とすることは制約を生むことにも繋がるが、綿密に考え込まれた設計であれば非常に使い勝手の良い、特色のある室内意匠を実現できる。

写真6.3.12　備え付ける空間

　前項で紹介した寝殿造に代表される道具を持ち寄って場を設ける、空ける空間においては、使用する道具の質や量、色やデザインによって使用者のその場における序列や役割を示すことができた。そのことは例えば百人一首の絵札を見て、描かれた人物が座っている置畳がカラフルな畳縁（繧繝縁）、それよりはシンプルな畳縁（例えば高麗縁）、無地で地味な畳縁等と、使い分けられていることからも確認できる。

　本項で紹介する造り付けの家具や敷畳の空間では、利用者の身分を道具の材質や色、紋様等によって区別することが難しい。そこで、上段・下段・次の間等、段差と言う形で空間に序列を付け、座敷飾りも必要に応じて豪華に発展するといった変化により、使用者のその場における序列や役割を表す機能が建築自体に反映された例もある。

写真6.3.13　上段・下段のある敷畳の空間

(1) 違い棚

壁から突き出た高さの異なる段違いの棚板を組み合わせたもの。文房具や小物を置く収納スペースであるが、硯箱や香炉、壺等見せたいものを飾るスペースでもある。棚板は二枚が基本形だが、三枚以上使用した複雑な棚もあり、近世には多種多様な棚を紹介する『四十八棚』という史料まで存在した。

写真6.3.14　違い棚

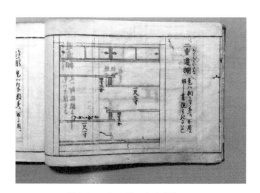

写真6.3.15　『四十八棚』

(2) 付書院

室内の片隅にて、室外側に少し張り出し、採光を確保するための開口部を設けた空間である。天板部分は机の代わりとして読み書き等に使用される。

写真6.3.16　付書院

(3) 床（とこ）・床の間（とこのま）

床柱、落とし掛け、床框、床畳または床板で構成される座敷飾りの重要な空間である。床の間は、掛け軸を掛け、花瓶を置くこと等により客人を迎えるための飾り付けを行うスペースである一方で、上記の構成部材の材質・形状や、床の間自体の配置や形態（釣床、洞床、蹴込床、琵琶床等）により、その空間または使用者の序列を誇示したり、使用方法をコントロールすること等が可能である。

写真6.3.17　床の間事例　　写真6.3.18　床の間事例（2）

(4) 備え付けの装置

使用方法が限定されるような備え付けの（固定された）装置を持つ建築は、伝統的な和風建築だけでなく現代建築にも多く見られる。

写真6.3.19　壁埋め込み型のエアコン

写真6.3.20　備え付け型の梯子　　写真6.3.21　備え付け型の食器洗浄機

6.4 魅せる／空間の質

6.4.1 くつろぎのデザイン

　権力者の権威を示すべく格式を重要視して形式化し、また豪華に装飾化された空間に進化・大成した書院造に対して、数寄屋風書院造は格式にこだわらず、遊興やくつろぎの空間を創出した。豊かな感性や文芸的知識を有する施主や設計者（工匠）の個性に従って、自由な造形表現が好まれた数寄屋風書院造の特徴としては、床柱や床框等への珍しい樹種や形状の部材の使用・面皮柱の使用・長押の省略・土壁や多彩な色土の壁・洗練された意匠等が確認でき、書院造の形式を崩して個性を与えることによって、自由で柔らかなデザインによる「魅せる」空間を目指している（写真6.4.1～2）。

　現代においても建築は様式にとらわれず、自由にデザインすることが可能である。少しの工夫による魅せ方で空間の質は劇的に変化する。敷地の内側だけでなく周辺環境も、空間の内部だけでなく外部も、大きさと形だけでなく色・光・風・音・におい・質感・景色等、一つでも多くの要素を考慮した設計を心掛けることが重要である。自然と調和し五感で体感する、時代を超えた美しさのある伝統建築のように（写真6.4.3～6）。

写真6.4.1　色土の壁

写真6.4.4　落ち着いた空間

写真6.4.2　自由な意匠

写真6.4.5　仕上げ材の質感

写真6.4.3　外部からの光

写真6.4.6　室内からの景色

6.4.2 趣向を凝らしたデザイン

　数寄屋風書院造の代表的な遺構である桂離宮の書院群（古書院・中書院・新御殿）や御茶屋群（月波楼・松琴亭・笑意軒・賞花亭）の各所には、起り屋根・身の回りの植物や道具等を模して技巧を凝らした釘隠しや引手金物・複雑ながら均整のとれた桂棚・白紙と藍染紙の市松模様・ビロードの腰張り等、趣向を凝らしたデザインが配されている（写真6.4.7～10）。他にも、例えば曼殊院書院や西本願寺飛雲閣といった建築は、細部意匠にまで工夫を凝らして建てられたことで知られている。また、建築周辺の庭園も見通しを様々に操作する動線計画、遠近感を演出する透視的配慮など、細部にまで趣向を凝らして設計されている（写真6.4.11）。
　このように、質素であっても洗練された美を追求し、他とは異なる自由な創意を導き、稀有な材料の使用を試みる、といった設計思想は現在に至るまで存続している。

写真6.4.7　桂離宮書院群

写真6.4.10　笑意軒

写真6.4.8　桂離宮新御殿

写真6.4.11　桂離宮庭園

(1) 起り（むくり）屋根

　反り（そり）とは反対に、上に向かって凸となる曲線を描く屋根。

写真6.4.9　ビロードの腰張り

写真6.4.12　起り屋根

第7章　発表する／伝える

　第7章では「発表する／伝える」ために、作品をどのように表現し、まとめていくのか、その方法を説明する。

　「図面化する」では、CAD、CGについて使用するソフトと可能な表現について記す。

　次に「模型化する」では、模型のサイズや伝えたいことに絞った表現など、模型の作成方法について示す。

　「発表する」では、ポートフォリオの作成のポイント、オーラルプレゼンテーションの進行について解説する。「議論する」では、論を深めるための本や、講評の活かし方などについて記す。

7.1　図面化する

7.1.1　2次元に表わす

　ここでは、コンピューターを用いて製図を行うシステム「ＣＡＤ (Computer Aided Design, Computer Assisted Drafting)」について説明する。ＣＡＤには、2次元の表現も3次元の表現もあるが、ここでは平面図や立面図・断面図といった、2次元の図面を書くためのツールについて説明する。

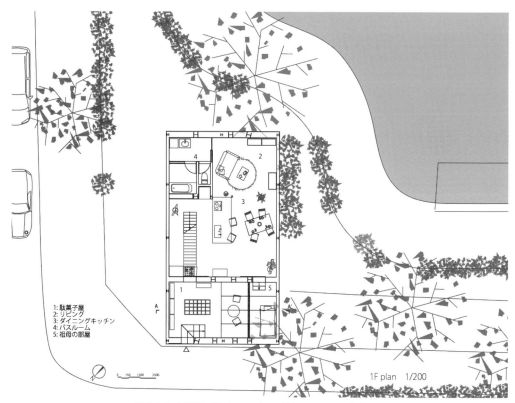

図 7.1.1　平面図 (Vector works + Illustrator で作成)

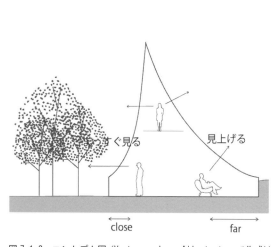

図 7.1.2　コンセプト図 (Vector works + Illustrator で作成))

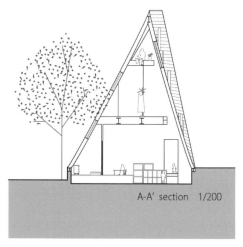

図 7.1.3　断面図 (Vector works + Illustrator で作成

1. CADをつかって、プレゼンテーション

プレゼンテーションには、最低限でも、配置図・平面図・断面図・立面図が必要となるだろう。また目的によっては、詳細図・展開図・アクソメ・パースなどが加えられる。まず、理解しておきたいのは「手書き図面であろうが、CAD図面であろうが、図面の本質的な意味に違いはない」ということである。例えば、手書きの製図において、躯体ラインを太く、家具ラインを細くするが、このようなルールはCAD図面でも同じように適用される。建具記号などのルールも手書き・CADと共通である。図面表現に悩んだ時は「手書きならどういう風に製図するだろう」という基本に立ち戻ると良いだろう。

2. 代表的なCADソフト

建築分野でよく用いられるCADソフトとして、「Jw_cad、VectorWorks、AutoCAD、DRA-CAD」などがある。どのソフトを用いるかは、周辺の人に相談すると良い。ソフトの使い方を学ぶ際に、周囲の人からアドバイスをもらうと習得しやすいし、共同設計などでデータを共有するのにも便利である。

3. CADの基本操作

CADの基本的な操作の流れを概説する。

1) 用紙の設定、縮尺の設定

作図作業を開始するにあたり、最終的に印刷する際の用紙のサイズと縮尺を設定する。画面上では自由に拡大縮小ができるが、あらかじめ縮尺設定をしてから作業を開始することで、出力に適した文字サイズや線太さを決めることができよう。

2) レイヤー・クラス

レイヤー・クラスとは、紙に例えると、トレーシングペーパーを何枚も重ねるような状況である。例えば1つのレイヤー（；トレペ）に敷地・周辺情報を描き、更に別のレイヤーに建物・・・などと描き分け、それらを重ねて表示することが可能である。1つのレイヤーに全ての線を書いても作図は可能だが、レイヤーを分けておくと、状況に応じてレイヤーを非表示にしたり、線の太さを変える時など、後々便利である。さらに、クラスで基準線、躯体線、家具線などと線種を分けて行く方法もある。

3) 線を描く

直線を描くコマンド、自由曲線、円、四角を描くコマンドなど様々ある。図面を描く基本となる。

4) 面をつくる（図7.1.4）

線が閉じた図形であれば、面をつくることができ、色や模様をつけることができる。例えば平面図に色つけをしたり、床パターンをつけるなどに使う。

5) 色をつける（図7.1.5）

線と面・文字にはそれぞれ色を設定することができる。

6) 数値入力

データパレットなどを利用し、全ての図形が数値で正確に入力することができる。

4. ソフト間でのデータのやりとり（互換性）

例えばAutoCADで作成したデータは、VectorWorksでは全く読み込むことはできないのだろうか？いや、多くのCADソフトは、dxf.やdwg.というファイル形式で互換性がある。

5. CAD図面を画像編集ソフトで加工する

ここで、さらに一歩進んだプレゼンテーションについて説明する。図7.1.1～3は、CAD（Vector Works）で作図した図面データを、Illustratorという描画ソフトに持って行き、そこで加工したものである。Illustratorのような画像編集ソフトは、数値入力などに適さない一方、「描画」に優れる。例えば色をつけるときに、CADソフトよりも繊細なグラデーションが可能であったりするため、プレゼンテーションの最終段階で編集に用いられることが多い。

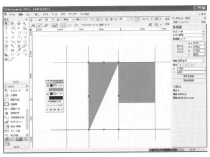

図7.1.4　線・面を描く　（Vector Works 2013）

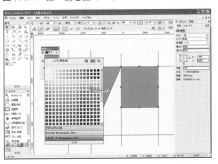

図7.1.5　色を選択する　（Vector Works 2013）

7.1.2　3次元に立ち上げる

　コンピューターグラフィックス「CG」について説明する。CGには、2次元の表現も3次元の表現もあるが、ここではコンピュータによってレンダリングされたグラフィックス、3次元の画像を描くためのツールについて説明する。主に建物が実際に建った際の空間のシミュレーション・表現にもちいられる。

図 7.1.6　ＣＧ＋フォトショップでのテクスチャー貼り　（作成：若山智哉）

図 7.1.7　ＣＧのみ　（作成：若山智哉）

1. CGをつかって、プレゼンテーション

ここではプレゼンテーションを行うにあたり、CG (Computer Graphics) を用いて、3次元画像を制作していくことを学ぼう。建築CGは主に設計依頼者に最終的な完成図（以後、パースと呼ぶ）を示すことに適している。パースの製作には、建築模型の写真にレタッチをする方法や、CGでレンダリングしたものをレタッチする方法などがある。

CGプレゼンテーションの大きな流れ

① **step1** 2Dのインポート（Import）：モデリングを行う前にCADで描画した平面図をCGソフトに持っていく必要がある。CADソフト、CGソフト間の転送には.dxfもしくは.dwgファイル形式が適している。

② **step2** モデリング（Modeling）：step1でインポートした平面を基に、躯体を組み上げていく。柱、床、壁の順番でつくる。細かい仕上げやテクスチャの割当や、照明の設定は一番最後に行う。細部までモデリングをすることは、フォトリアルなパースを作る上で重要な作業である。

③ **step3** シーンレイアウト設定：パースをどこからの視点で作成するかを決めることである。プレゼンテーションでは、視点は「パースペクティブ」を用いるのが普通だが、シーンにより、「パノラマ」や「アクソメ」等を効果的に使うこともある。

④ **step4** レンダリング（Rendering）：テクスチャの割当、照明の設定を行った後に実際の影や反射等をソフトで演算をし、イメージを作成する作業である。高級ソフトを用いたレンダリングは、1日以上のレンダリング時間を要することもよくある。

⑤ **step5** レタッチ（Retouch）：レンダリングで作成したイメージを修正・加工をする作業である。建築パースのレタッチでは、人物や家具等を挿入する作業が大半である。

2. 代表的なCGソフト

CGを使ってプレゼンテーションを行う人の多くが、左記のstep1～5の全てを1つのソフトで完成するのではなく、むしろ複数のソフトを使って完成する。例えば図7.1.6は、4つのソフト（Vector Works → form Z → Maxwell → Photoshop）を利用して作成している。というのも、ソフトごとに、モデリングに適したソフト、レンダリングに適したソフト、レタッチに適したソフトなど個性が違うからだ。より上質な表現を求めようとすると、様々なソフトの強みを生かして、複合的に使って行く必要がある。しかし、「モデリングさえできれば良い」「素材感は重視しない」「光の表現はさほどリアルでなくてよい」というように、簡素な表現を良しとすれば1つのソフトでも完成することができる。まずは1つのソフトの習得から入って、徐々に多くのソフトを使えるようになるのが理想であろう。CGを使う学生の声を聞くと、Rhinoceros、form Zの習得からスタートする学生が多いようだ。

さて、CGソフトは、大きく分けると「モデリングソフト」と「レンダリングソフト」に分かれる。モデリングソフトとは、コンピューター上の仮想空間に3次元の物をかたちづくるソフトである。いわば、仮想空間の「大工さん」。一方、レンダリングソフトは、仮想空間の中の3次元物体を、ある角度から、ある光源をあてて見たときにどんなふうに見えるかを作成するソフト、カメラで3次元物質を撮ったらどんな風に映るかを、示してくれるソフト

ソフト名	動作環境	モデリング	レンダリング	備考
Shade	Win・Mac	○	△	数値入力がしづらい・どちらかというプロダクト向き
formZ	Win・Mac	○	△	建築向き
Rhinoceros	Win・Mac	○	△	建築向き
Autodesk 3ds Max	Win・Mac	○	○	ムービーに向いたソフト・インターフェースが多いため難しい
CINEMA 4D	Win・Mac	○	○	ムービーに向いたソフト
Google Sketch Up	Win・Mac	△	△	手軽なソフト・きめ細やかな表現には、このソフト単体では不向き
VectorWorks	Win・Mac	△	△	簡単な3Dができる・きめ細やかな表現には、このソフト単体では不向き

図7.1.8　3DCGソフトウェア2012年時点（作成：若山智哉）

ソフト名	動作環境	モデリング	レンダリング	プラグイン先	備考
Maxwell Render	Win・Mac	×	○	<u>formZ</u>, Autodesk 3ds Max, Rhinoceros, CINEMA 4D など	ライティングなどの表現がきめ細やか・操作が難しい・無料テクスチャーが豊富
V Ray	Win・Mac	×	○	<u>Rhinoceros</u>, Autodesk 3ds Max/MAYA, CINEMA 4D, Google Sketch Up, Stand-alone	比較的容易・Photoレタッチも可能・テクスチャーは豊富だが有料

↑下線が設計者が通常良くつかう組み合わせ。
図7.1.9　レンダリング専用ソフト2012年時点（作成：若山智哉）

である。いわば仮想空間の「カメラマン」。ソフトの中にはモデリング・レンダリングの両者が可能なものもあるので、その特性を図7.1.9にまとめた。

3. CGの基本操作

CGソフトの操作方法は、各ソフトにより少しずつ異なる。また、同じソフトであってもバージョンが変わるごとに変化をし続けている。今回は、簡単なプレハブ小屋の平面図をVecotrworksで作成し、formzを用いたモデリング、照明の設定、レンダリングの手順を大まかに示した。レタッチに関しては、さほど難しくないので他の専門書を使うなり、先輩に聞くなり習得をしてほしい。なお、本書ではformZv6.5.4を用いた。

1) エクスポート・インポート

Vectorworksで描いた平面図を.dxfもしくは.dwgでエクスポートをする。これらの形式のファイルは、ほぼ全てのCGソフトでインポートが可能である。インポートをする際の設定で、ソフト間での単位系を揃える必要がある。

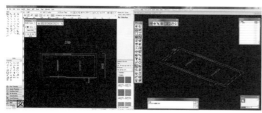

7.1.10　小屋平面図　　図7.1.11　formzインポートした平面図

2) 躯体をつくる・モデリング

CADソフト同様、CGソフトも多数のコマンドが配置されている。実際の建築物と同じで、CGソフトにおけるモデリングも、基礎⇒柱⇒スラブ⇒壁の順でつくる。

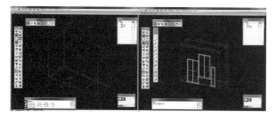

7.1.12　壁のモデリング　図7.1.13　モデリングの完成

3) 各種割当・レンダリング

モデリングが完了したら次はテクスチャの割当である。formZではプリセットで大部分の素材をカバーできるが、自分でテクスチャを作ることもできる。透明素材、ミラー素材などの、反射回数が大きいテクスチャの多用はなるべく避ける。照明の設定は、間接光の設定、太陽光の設定の2つがあるが、ここでは割愛する。シーンレイアウトの設定は、基本的に人間の目線の高さ140cm前後で設定する。建物全体をレンダリングする時は、「アイソメ」や「アクソメ」を利用するとよい。

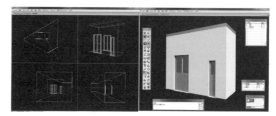

図7.1.14　シーンレイアウト　図7.1.14　レタリング完了の設定

4. ソフト間でのデータのやりとり（互換性）

建築パースをつくるにはレタッチを含め複数のソフトを利用することがある。ソフトによってはサポートされていない保存形式もあるので注意したい。

1) CADソフト⇒CGソフト

CADソフトで描いた平面図をCGソフトで取り込むには、一般的に.dxfもしくは.dwgが利用される。Vectorworksで描いた場合の.vwx、.mcdはCGソフトでは開くことができないのでVectorworksでエクスポートをする必要がある。

例）Vectorworks（平面図）⇒ formZ（モデリング）

2) CGソフト⇒レンダリングソフト

各CGソフトに対応したレンダリングソフトを使用することでプラグイン形式で導入が可能である。プラグインをインストールすることで同じCGソフトを使用しながら高品位のレンダリング結果を得られることができるのでお勧めである。

例）formZ（モデリング）にMaxwell（レンダリングソフト）をインストール

3) レンダリングしたイメージ⇒画像加工ソフト

CGソフトやレンダリングソフトでレンダリングしたイメージを修正、加工するためには画像加工ソフトを使用する。保存形式は.jpgが主流であるが、高画質を維持したい場合などには.pngや.tiffを利用するとよい。フリーソフトでも対応可能であるが、建築学生の多くがAdobe社のIllustratorやPhotoshopを用いている。前者は、プレゼンテーションの作成などに主に利用し、レタッチには後者を利用することが多い。

例）formZ（レンダリング）⇒Photoshop（レタッチ）

7.2 模型化する

7.2.1 模型道具・模型材料

模型を製作するにあたり、ここでは基本的な道具や材料を説明する。実際には、様々な模型を見たり、画材店などで探索したりすることで、様々な材料にふれつつ知識を得ると良い。

1. 模型道具

図 7.2.1 〜 10 には基本的な模型道具をとりあげた。これらが揃えば、まず一般的な模型制作には不自由しないであろう。一方、図 7.2.11 〜 12 は、高価で個人的に持つよりは研究室・大学の所有するところとなろうが、活用方法を学ぶと便利である。

図 7.2.1 カッター（出典：NT）

大・中・小と様々ある。通常、紙など切りやすいものは中型を利用し、金属などは大型が便利である。刃は、60°と30°のものがあり、30°のほうが鋭利なため、細かい製作にむく。

図 7.2.2 金尺（ステンレス定規）（出典：シンワ）

カッターなどを使っての制作の際、プラスチックなどの定規では、定規が削れるが、金尺は金属のため、削れることがなく、模型製作に便利である。

図 7.2.3 スコヤ（出典：新日本造形）

おもに模型制作に使われる定規で、直角に素材を切りたい時に、使用すると便利である。

図 7.2.4 カッターマット（出典：オルファ）

カッターを使用する際に、机などを傷つけないように、下にひいて使用する。

図 7.2.5 ピンセット（出典：タミヤ）

細部を作る時、指ではうまくできないような細かい作業をピンセットを使って行う。先曲がりタイプは、特に家具造りなどに便利。

図 7.2.6 レーザーカッター（出典：GCC社）

レーザー光を用いて、アクリルや木など、様々な固い素材をカットする。画像処理ソフトから、図面を転送してその形に切断することが可能。

図 7.2.7 スチのり（スチレン用のり）（出典：レモン画翠）

スチレンボードに用いる接着剤で、建築模型の製作に全般的によく使用される。透明で目立ちにくく、乾き時間も短く、使いやすい。

図 7.2.8 スプレーのり（出典：住友スリーエム）

スプレータイプののりで、広い面を均一に接着するのに便利である。接着力に種類があり、貼ってはがせる程度のものや、強力接着のものなどがある。

図 7.2.9 ドラフティングテープ（出典：住友スリーエム）

粘着力が弱いテープで、一時とめておいて、後できれいにはがすなど、仮どめに使われる。

図 7.2.10 接着剤C（出典：コニシ）

スチのりよりも、乾き時間が短く、接着力の強いもので、金属素材をつかった家具製作など細かい部分に便利である。

図 7.2.11 スタイロカッター（出典：ペナテク）

スタイロフォームを切るための道具。スタイロフォームは熱くなった電線で切れる。

図 7.2.12 3Dプリンター（出典：マイクロファクトリー）

樹脂や石膏素材を積層して、3次元の模型を作成する。3DCGデータから形づくられる。3次元曲面形状など、曲線的なデザインを模型化するのに便利。

2. 模型材料

素材にはケント紙などの紙素材や、スチレンボードのようなスチロール素材、木素材、金属素材、ガラスを表現する透過性のあるプラスチック素材などがある。画材店などで素材を探索してみるとよい。素材の選定に際して注意したいのは、その切断方法や接着方法である。加工がしやすい素材でないと、思うように作成できない。外構模型用の素材も様々ある。図 7.2.21 は外構の作り方の一例である。

建築模型で多用される素材。1、2、3、5、7mm と厚みの種類もある。スチレンボードは表面に紙が貼られているが、紙のないスチレンペーパーもある。

図 7.2.13 スチレンボード（出典：積水化成品工業）

高密度の発泡スチロール素材で、大まかなボリュームを検討するのに便利である。途中のスタディ用模型や、敷地周辺模型に使用されることが多い。

図 7.2.14 スタイロフォーム（出典：ダウ化工）

段ボール素材で、薄いものから分厚いものまである。土をイメージさせる色から、敷地模型などによく使われる。

図 7.2.15 板段ボール（出典：レモン画翠）

写真のバルサ材は、柔らかく細かい加工がしやすい。家具や床材として利用されることが多い。面的に大量に使用すると、経年劣化のおそれがある。

図 7.2.16 木素材（バルサ）（出典：レモン画翠）

透明、半透明、色の種類が豊富である。窓・開口部のガラス表現に用いられることが多い。一般にプラ板のほうが固く、ややシャープな印象となる。

図 7.2.17 塩ビ板、プラ板（出典：レモン画翠）

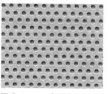

金属板で、カッターで使用しやすいのは、アルミ、銅、ステンレスシートなどである。写真のように穴のあいた素材やメッシュ素材もある。

図 7.2.18 金属板（アルミパンチング）（出典：レモン画翠）

面素材だけでなく、丸棒、角棒は柱を制作するなどに便利である。木、プラスチック、金属で様々な太さの丸棒、角棒がある。

図 7.2.19 丸棒、角棒（出典：レモン画翠）

着色されたスポンジ素材で、草地や樹木を作るのに利用される。目の粗さや、形が様々ある。

図 7.2.20 グランドフォーム（出典：レモン画翠）

図 7.2.21 外構模型の事例（木：ドライフラワー着色）

7.2.2 周辺環境を理解する

5章では、敷地調査の方法が詳しく述べられているが、ここでは敷地模型を作成することで、周辺の環境を理解する・伝える方法について触れる。敷地模型を作成するにあたり、何に主眼をおいて模型を作成するのかを意識化することが重要である。

図 7.2.22　敷地模型

1. 敷地模型で何を知ることができるのか

設計を進めていくにあたり、紙の上で図面を書きながらスタディをするのと同時に、模型（やCG）を作成して、3次元的にスタディすることが重要である。その第1歩として、敷地周辺の模型をつくるとよい。敷地模型では、周囲の建物の高さ、敷地の高低差などをより立体的に理解できる。建物を計画した時、その建物が、周辺の風景になじむのか、違和感があるか、なぜ違和感を感じるのか、高すぎる・低すぎる。など、2次元では察知しづらい多くの情報が得られる。図 7.2.22 は別荘地の敷地状況を示した模型だが、隣地の建物との距離感や、微妙な高低差、木との位置関係などが理解できる。

2. 模型をつくる範囲と縮尺を決める

周辺模型の作成の際は、確認したい事項や伝えたい内容を加味して、模型をつくる範囲と縮尺を決める。図 7.2.23 のように、少なくとも道を超えて反

図 7.2.23　スタディ用の敷地模型　都市部

対側の周辺街区までは入るように範囲を設定するのが一般的である。敷地模型は本体模型と差別化できる色・素材を選択する。

3. 段差模型・点景（樹木・車・人など）

敷地の高低差を表現するにあたり、敷地を粘土で作成したり、いくつもの紙を重ねた層のようにして作成したりなどの方法がある。建物や土地のみならず、木などの自然環境を示したり、人や車などを入れることで、スケールを感じさせる工夫もしたい。

7.2.3 ボリュームを考える

7.2.2項にて、敷地模型を制作したが、それを活用しながら、ボリュームを検討していく方法を示す。

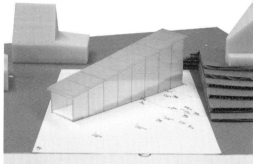

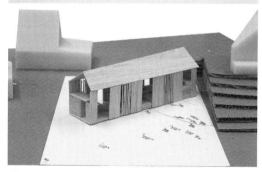

図 7.2.24 類似した平面における多様なボリューム模型

1. ボリュームスタディとは

敷地模型を作成し、周辺環境が理解できたら、どのような形にするかを検討していく。まずは、スタイロフォームや段ボールといったラフな素材を用いて、さまざまな形のマッスの模型で確認するとよい。その際、周辺の建物とのバランスはどうか、外観としてプロポーションは、ほどよくできているか、などを確認していく。

また、あるていどのボリュームの方向性が固まってきたら、図7.2.24のような検討も必要であろう。

同じ敷地において、ほぼ同じような矩形プランでありながら、素材が変われば、周囲とのバランスも変わって来る。高さの操作、開口の開け方などについても、素材感によってバランスが変わることも留意しよう。

2. 手をうごかす

スタディ模型の作法は状況に応じる。例えば図7.2.25のように、屋根面を取り外しやすくしたり、自由に窓の位置を書き込んだりしながらスタディを重ねていく方法もある。一方で、図7.2.26のように厳密にプロポーションを決めたい場合には、殆ど同じような模型でありながら1mmずつ巾が違うといった模型を多数つくる方法もある。手を動かして多くの検討をするほど、よりよいものに近づいていくであろう。

図 7.2.25 ボリューム、窓の開け方を検討している模型

図 7.2.26 少しずつ違う模型で検討（出典：手塚建築研究所）

7.2.4 内部の繋がりや、細部を考える

7.2.3項の、ボリュームスタディを行うことで、おおよその建物の大きさ、形の方向性が見えてくる。そこまで決まったら、次に内部空間の繋がりや細部を決めるために模型をつくりスタディしよう。

1. 繋がりを考える

内部空間を、模型化してみると、空間と空間の繋がりが見えてくる。例えば右の写真（図7.2.27）では、リビング〜キッチンスペース〜寝室までが、曲線の壁に沿ってゆるやかに連続して繋がる様子が分かる。家具や人を入れながら考えると、実空間としてのプロポーションがよりはっきりと感じられよう。

また、断面方向の細かい繋がりも確認したい。下の写真（図7.2.28）は、地盤面と半地下の空間がどのように関係しているのか、地盤面とテラスとの高さ関係がどのようになっているかなどを検討している模型である。

2. 光や風をイメージする

模型上で、光や風などの自然環境を意識して検討を進めよう。開口部から入ってくる光や風が室内にどのような影響を与えるのか、光の方角や、通年の風向などと合わせて考えるとよい。また、開口部から見える風景なども、確認していく。

3. 内部と外部を行き来する

内部空間について検討をすると、外部も連動して形が変わることもあろう。内部と外部を行き来しながら、最終形に近づいて行く。

図7.2.27 内部空間のつながりを確認する模型

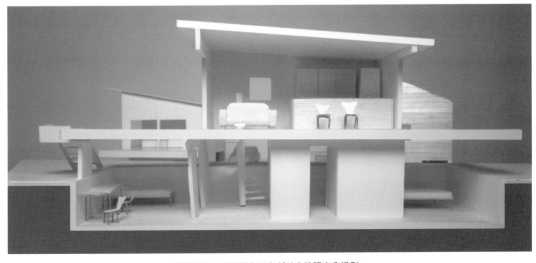

図7.2.28 断面的なつながりを確認する模型

7.2.5 模型で伝える

7.2.2～7.2.4項は、設計者が、空間を考えていくためのスタディ模型について記したが、ここでは、形態が決まった後に、プレゼンテーションにて、他人に空間を理解してもらうために、どのような模型を作っていくとよいのかについて事例をあげて記す。

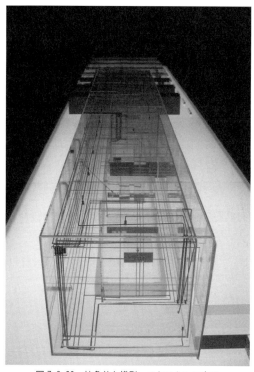

図 7.2.29　抽象的な模型　スケルトンハウス
（出典：小川文象 FUTURE STUDIO　HP より）

1. 伝えたいことは何か？

プレゼンテーション用模型を作成する際に、まず考えるべきは「この模型で、何を伝えようとしているのか」という点である。その内容によって、模型の製作方法は全く違う。いくつか事例を見ながらその点を説明する。

2. コンセプトを表す

図7.2.29は、透明のアクリル板で制作され、水道などの設備配管が透けて見える模型となっている。作者の言葉を借りると「透過・反射・屈折・溶融・消失・映写など、断片化された現象が多重にオーバーラップする。」とのことで、コンセプトが一目模型を見ただけで理解できる表現となっている。逆に敷地状況は抽象化して表現されるなど、コンセプト以外の要素はそぎ落とされた模型と言えよう。

3. 人の動きを表す

図7.2.30は、模型中に沢山の人がおかれており、しかもそれぞれが、その場で起こりそうな人の行動を示している。階段からも授業の様子が垣間見られるなど、空間とそれに起因する人の振る舞いを想像させるための模型表現と言えよう。

図7.2.30　アクティビティが表された模型　C+A　ホーチミンシティ建築大学
（出典：CULTIVATE　小嶋一浩・赤松佳珠子著　堀田貞雄撮影　TOTO出版）

4. 構造を表す

図 7.2.31 のように構造体だけを表現する模型もある。構造の合理性や成り立ちを理解するためのものだ。

5. 素材を表す

図 7.2.32 と図 7.2.33 を見比べてみよう。図 7.2.32 では、建物の素材は特に限定されていない。一方図 7.2.33 では、樹種の指定はされていないまでも、木素材と白い壁の切り分けがはっきり示され、そこに意味も込められている。加えて、家具も詳細につくられているため、その場で感じられる、素材の雰囲気やスケールがよりリアルに直感できるように表現されている。

6. 模型の縮尺

伝えたい内容にあわせて、模型の縮尺の選択も重要である。

モックアップ〜1/2：実体験にかなり近い。模型の中を歩くことができる。

〜1/10：部分的にディテールを伝えたい時など

〜1/20：家具の作りやサッシ枠などが見える。

〜1/50：素材・家具・人の動きが見えてくる。

〜1/100：部屋の繋がりや扉位置・開口部の概形などが示される。

〜1/300：外部の全体的なボリュームが分かる。内部は、おおよその構成が分かる。

7. 伝えたいシーンと写真の合成

模型写真をプレゼンテーションに使う時には、写真で伝えたい風景を選び、実際の風景を合成することも工夫したい。図 7.2.32 のように、伝えたい風景を印象的に切り抜き限定したり、これはどこだろう？と考えさせたりするのも、一つの方法であろう。

図 7.2.31　構造模型　出雲ドーム
（出典：建築の翼　斎藤公男著　建築技術）

図 7.2.32　伝えたい場面を見せる模型

図 7.2.33　室内の家具まで表現された模型

7.3 発表する

7.3.1 ポートフォリオ

　設計した建築物や竣工した建築物を第三者に伝える際、実際の建築物を訪ねて、建築空間に身をおくことが最も直接的な人への伝達だが、それとは別で、紙面や映像などで第三者へ伝達することを目的としてポートフォリオが多用される。ポートフォリオの作成にあたっては、建築物の情報を伝達する場合と、設計者の技術や感性までをも伝達する場合と、目的を明確に分けて計画することが望ましい。

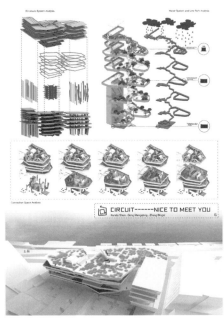
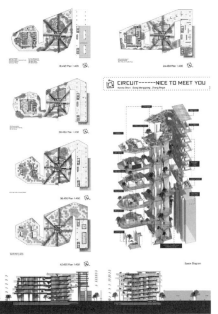
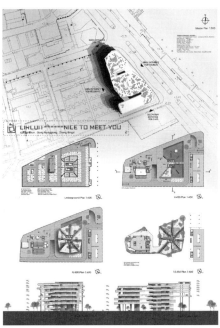

図 7.3.1　中国の上海市での複合施設の設計例
(倉田　駿　2016 年)

(1) ポートフォリオの要素

設計者の技術や感性までをも伝達するポートフォリオの計画では、建築物の情報以外にも、どのように制作者のこれまでの履歴と経歴を記すかが大きなポイントとなる。例えば、時系列に並べていく方法や最も見せたい作品から順に並べて補足的な作品を後に並べる方法などがある。いずれにせよ、ポートフォリオでの作品の該当頁より前に、ポートフォリオ一冊の全コンテンツの目次を掲載したい。一つひとつの作品の要素として、課題などの設計条件が規定されている場合は、その要点を最初に列記しておくことで、その設計条件をいかに解釈していかに設計を導きだしたかが明確に第三者へ伝達できる。ただし、設計課題文をそのままポートフォリオへ掲載するのではなく、全般を通して、冗長ではない文章に要点をまとめて列記しておくと第三者も把握しやすくなる。逆に、卒業設計や修士設計のように設計条件が規定されていない場合では、自身の建築に対する主題、もしくは、建築設計における主題を、作品の前に表明しておくことが望ましい。制作者の人柄がわかるプロフィールにおいても、第三者にしっかり伝達できるような作品集をつくりあげていくことが望ましい。まずは、図書館や書店などで、他の誰よりも憧れ、個性のある建築家やアーティストの作品集をみつけて、そこから技術や感性を習うことも望ましい。

(2) 建築家のポートフォリオ

実際の3次元の建築物を2次元の紙面や映像にて第三者へ伝えるには、ひとつの次元を落として表現することになるため、地球の地図投影法と同じく、純粋に3次元の建築物の情報を全て正しく投影して表現することはできない。しかしながら、そうした次元を落とした紙面や映像であるからこそ、平面図、断面図、立面図、矩計図、内観図、外観図、アクソメ図、アイソメ図といった多彩な2次元表現のどれをどのように表現するかが、ポートフォリオの最終的な完成度に大きく影響を与える。2次元表現には、日本古来からの絵巻物のような建築物や敷地の全体像から部分像までをアクソメ図で等価に表現する手段もあれば、西洋で発展した一点透視法を活用した人の視覚的な情報を表現する手段もある。それらの使い分けを、できれば、建築を設計してきた中での制作者ならではの設計意図や設計コンセプトと相まっていることが望ましい。一見して、制作者らしさが表出していれば、ポートフォリオとして完成に近くなる。

(3) ウェブサイトによるポートフォリオ

1995年以降、作品をウェブサイトから公開する建築家やアーティストが増えている。紙面によるポートフォリオと異なり、近年では、動画をウェブサイトに組みこんだポートフォリオを活用することで、図面や縮小模型を通したプレゼンテーションとは異なり、実際に建築空間内で足を進めるようなシーケンシャルな擬似的ではあるものの現実の視覚認知に近い空間体験が可能となる。要素としては、制作者のこれまでの履歴と経歴、目次、設計条件の要点、コンセプトの文章などとなる点は先述の内容と同じであるが、一方で、PCやスマートフォンの画面上でのポートフォリオは図面のような縮尺をもたない表現となることから配慮して伝達方法を勘案する方が望ましい。

(4) 著名な建築家による建築の表現の好例

著名な建築家の作品集は、ポートフォリオの好例として、私たちがポートフォリオを作成する際に多大な参考になる。どういった建築設計思想の建築家が、どのような表現で自身の建築設計思想を強めて相手に伝達しようとしているかを深く知ることが大切である。同じ作品の作品集でも、作品集を手にとる読み手に何を伝えたいかが明確になればなるほど、その作品集なら、その作品集だからこその内容となっていく。まずは数多くの魅力的な建築家による作品集を深く縦覧しつつ、イメージを膨らませてみよう。

その上で、見せる側ではなく見る側の目線で、自分のポートフォリオをいろいろな人に見てもらって、時には建築分野ではない人にも見てもらいつつ、見る側の目線でしあげていくとよい。

7.3.2 図面の仕上げ方

　3次元空間である建築物を2次元平面に図示し、わかりやすく伝える図面。クライアントへのプレゼンテーション用に美しく描かれたものから、現場で作る人に説明するために細部まで詳細に描いたものまで、表現は様々である。伝えたい事が明確に、そして、不可分なく表現できており、さらに、第三者がしっかりと内容を把握して理解できる図面を仕上げているのが良い図面の条件といえる。

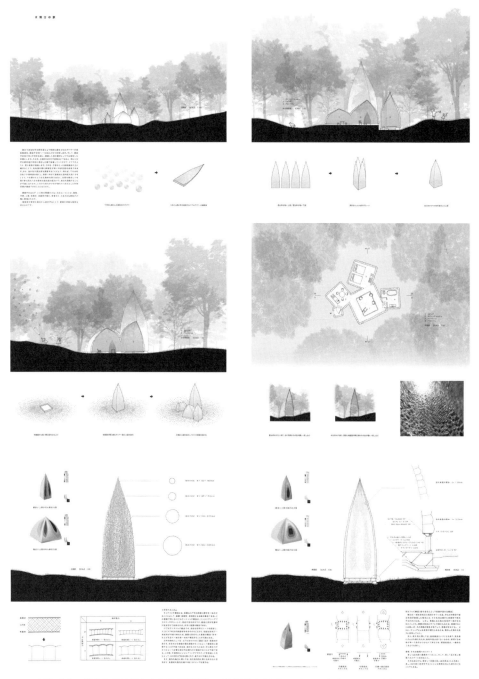

図 7.3.2　新しい素形材による建築構造体の提案図面（出典：K 博士の家「SD 2011」鹿島出版会）

(1) プレゼンテーションの為の図面

建築物の主要なコンセプトを第三者へ伝達する図面は、そこにできる空間の意味、人の動き、光や風といった環境要素の状態、建築空間の構成、人が内部に入ったときの建築空間の印象などが、できる限り隅々まで伝達するように仕上げることが必要不可欠である。特に建築家によるプレゼンテーションの為の図面は、今までに無い新しい空間を目指すことが多いため、その表現は多種多様となる。図面を見たクライアントがどれだけイマジネーションを喚起できるかがが重要な鍵となる。平面図や断面図から空間のイメージを想起することが得意なクライアントもいれば、パースや模型から建築のイメージを具体化することが得意なクライアントともいる。その中でも、平面図、断面図、立面図、展開図など、最終的に契約書の一部としても機能を果たす図面は、そこに表現された事柄が、建築物の竣工まで齟齬のないようにしていく責任も設計者には要求されるため、建築物のイメージという段階を超えた建築物の最終成果物として一本一本の線を仕立てあげていく必要がある。

(2) 基本計画・基本設計のための図面

建築物は、構造計画・環境計画・法規・デザイン・予算など、様々な重要な要素があり、その全てを満足させる必要がある。ひとつの要素が変化すると、他の要素に影響を与えることが非常に多いので、条件を整理しまとめていくのが基本計画である。

プレゼンテーションで合意を得られたら、現実的な建物として成り立つよう建物の概要をまとめ図面化する。重要な要素が収まっていることが確認できるよう、重要度の高いところをできるだけはっきりと記載し、細かい部分はざっくりと記載していくように進めると、途中で軽微な修正などがあった場合でも、基本的なコンセプトを損なうことなく設計に反映していくことができる。

(3) 工事のための図面

基本計画・基本設計でクライアントとの合意が得られたら、工事を担当する施工者に工事の内容を伝えるための図面を作成する。実際に施工をする人が見る実施設計図は、施工方法・材料・寸法・縮尺などをはっきりと明記し、具体的に物としてつくることができるように描いていく。略語や記号を用いクライアントには少々理解がし難いものとなるが、密度を高めて必要な要素をもれなく記載していく。実施設計図で表現しきれない部分を確認したり、各工事の施工方法を確認するために作成する図面が施工図だ。実施設計図は現場から見ればまだまだ細かい部分が記載されておらず分かりにくいということになり、施工図はクライアントから見れば、細かすぎて、結果的に意味が不明となる。

(4) 図面の仕上げ方

建築物のクライアントへ伝達する上での図面や、コンペティションやプロポーザルで審査員へ伝達する上での図面は、前述の事例とは性格が少し異なる。クライアントへ提示する図面は、基本計画や基本設計や実施設計といったそれぞれの段階に応じて建築と空間についての竣工時の状態を一般の人へしっかりと伝わるように、ポイントを絞って、表現するところは表現して、表現すべきでないところは表現しないように仕上げていくことが大切である。コンペティションへ提出する図面は、図面の枚数も面積も限られていることから、それこそ情報が雑多にならないように、どちらかというと引き算的に伝えたいメカニズムを限定していくような表現の方が審査員へ深く印象を根付かせることができることが多い。このように、図面のみならず世の中の情報は、表現することと伝達することの両面を勘案して仕上げる必要がある。

図 7.3.4 学生によるコンペティション図面の例

7.3.3 タイトルとコンセプト

建築を説明する上でタイトルとコンセプトテキストは、見る人へ印象を残す上で重要な役割を果たす。

深い印象を残すためにも、建築のオリジナリティをしっかり表象することが大切である。図面や模型ができあがった後で、建築を説明するタイトルとコンセプトテキストが稚拙とならないように、更には、設計し表現した建築をより明確に伝達するように設計プロセスの途中から勘案していく必要がある。

空間…166	一つ…19	捉えま…12	構造体…9
建築…166	構成…19	地域…12	高さ…9
重さ…123	考える…19	流れ…12	作品…9
軽い…112	重力…19	移動…11	子ど…9
重い…100	小さな…19	可視化…11	思う…9
存在…75	密度…18	見える…11	持った…9
提案…75	ガラス…17	構造…11	集合住宅…9
変化…65	居場所…17	植物…11	動き…9
場所…56	考え…17	生まれる…11	配置…9
生活…55	時間…17	地球…11	浮遊…9
都市…54	質量…17	同じ…11	与える…9
自然…51	世界…17	日本…11	要素…9
住宅…43	必要…17	コミュニティ…10	一方…8
建物…36	家族…16	コンクリート…10	解放…8
風景…36	環境…16	シンボル…10	外壁…8
軽さ…35	大地…16	活動…10	関係性…8
関係…34	地面…16	互い…10	距離…8
私たち…34	土地…16	行動…10	共有…8
自分…32	利用…16	視覚的…10	見えない…8
部屋…31	変える…15	周り…10	行為…8
感じる…28	軽く…14	商店街…10	災害…8
人間…27	隙間…14	多く…10	時代…8
屋根…26	ビル…13	同時…10	重たい…8
家具…26	異なる…13	入る…10	重要…8
空気…26	距離感…13	認識…10	状態…8
新たな…26	計画…13	敷地…10	性質…8
大きな…26	成長…13	シーソー…9	生き…8
記憶…24	内部…13	スケール…9	地上…8
新しい…23	部分…13	意識…9	動く…8
感覚…22	印象…12	影響…9	日常…8
素材…22	感じ…12	価値…9	美術館…8
考えた…21	作る…12	外部…9	普段…8
変わる…21	持つ…12	簡単…9	物質…8
モノ…20	自由…12	境界…9	役割…8
意味…20	重み…12	近年…9	イエ…7
機能…20	出来…12	形成…9	ダム…7
重く…20	設計…12	現在…9	ボックス…7

図 7.3.4　コンセプト文章内のキーワードの上位 100（出典：キルコス国際建築設計コンペティション 2013　総合資格学院）

(1) 建築の分野における言葉の多義性

一般的な文章と異なり、建築家は実に多様な建築の表現や空間の描写を通して、建築物のもつ考え方やメカニズムを第三者へ伝えようとする。例えば、光や色について言及する際、あたかも光が建築物の内部空間に液体が充填されるかのように、「光が空間を満たしていく」や「光が壁を伝う」と表現したり、あたかも光の波長をコントロールするかのように、「天窓により内部空間が色めきだつ」や「暗闇に素材の色目が溶け込む」などといった、いわゆる一般的な文章のための国語辞典における光や、色のいくつかの意味とはまた異なる建築の分野の専門家だからこそが使うより、一層広がりをもった柔軟な言葉を多用した表現をしばしば見かける。言葉というものは、この世の中の意味が強調された局所的な部分に名前がつけられたものであり、一方、建築は連続的で即物的な事象の構築物であることから、どうしても一般的な言葉で表現しようとすると、少なからず困難が生じる場合がある。世界中の言語の中には、語源を組み合わせていくことで、新しい単語が生まれるような言語体系を持ち合わせているものもある。日本語の場合は、言葉としては、漢字、ひらがな、カタカナ、時にアルファベットなどを組み合わせることで、意味合いを第三者へ絶妙に変化させて伝えることもある。建築の設計においては、設計した建築物自体がタイトルやコンセプトに意味の上で負けていてはよくないが、タイトルやコンセプトが設計した建築物自体を意味の上でより明快に伝えていくことが大切である。その際、実はいろいろなトレーニングの方法があるが、そのいくつかを次に説明する。

(2) 類語辞典を用いた発想法

類語辞典とは、単語の上位／下位関係、部分／全体関係、同義関係、類義関係などによって単語を分類し、体系づけた辞書である。一般的な辞書として、書店にもいくつかの出版社から発行されている。その出版社ごとによって、類語を導き出す方法論が少しずつ異なることから、例えば、同じ「光」というキーワードを下にその類語を調べると、ある類語辞典では、光、光景、輝き、直射、入射、閃光、曙光、昼光、夕日、日当たり、明るみ、稲光、灯光、後光、点滅、黒光り、澄明、明るい、つるつる、明々、といった類語が並ぶのに対して、別の米語辞典では、光沢、怪光、妖光、神光、霊光、散光、自然光、蛍光、燐光、稲光、月光、といった類語が並ぶ。随分と類語のリストが異なることがわかる。世の中の光という言葉を取りまく数多くの事象をどのように関連づけているかが、出版社によるその体系化の方法によって、結果的に光を中心に多様な表現が言葉の上で行われていることがわかる。

この特徴を活かすと、例えば、建築を設計する際のひとつの切り口として、「雨」を取り上げた場合、ある類語辞典では、雨、雨季、雨乞い、雨具、雨樋、雨粒、雨宿り、湿り、一雨、陰雨、龍潤といった、自然界や季節ごとの事象と建築や人の生活が介在していく中で生じる事象が、言葉として多く挙げられる。その次に、もう一度、例えば、少し建築の介在の度合いが深そうな「雨宿り」をキーワードに類語を調べると、より広く雨と建築に関する言葉の数々が並んでくる。雨に関する漢字の組み合わせがほんの少し変わるだけであるが、季節も時間も情景も、そして、そこに佇む建築の要素も想像させられるものが非常に多岐に渡ることがわかる。

(3) タイトルとコンセプトの記し方

大学や学校での設計製図の演習においても、数多くの人が応募するようなコンペティションにおいても、自分に住宅の設計を依頼してきてくださったクライアント候補に対しても、プレゼンテーションにおいて、その設計案のタイトルとコンセプトは、自分自身が考えた建築物をより明快に伝えることが大切である。その際、プレゼンテーションする間はもちろんのこと、より大切なのは、プレゼンテーションが終わってからも、最も伝えようとしたかった事柄をタイトルやコンセプトを通して、プレゼンテーションした相手にしばらくの間、あわよくばいつまでも、頭のどこかに深く印象付けることに心がけたい。いくつかのキーワードに沿って、高品位な建築設計を言語化していくことを試してみたい。

7.3.4. オーラルプレゼンテーション

　図面や模型と異なり、人を前にした直接的なプレゼンテーション、録音した音声による間接的なプレゼンテーションに関わらず、オーラルプレゼンテーションは、発表する人と発表される人との時間と距離の概念にも近い「間合い」をもったコミュニケーションが生じていることが重要である。相手にどのように伝えて、相手がどのように理解したかをシミュレーションしながら発表することも大切である。

図7.3.6　建築設計製図演習の合同講評会でのオーラルプレゼンテーション

(1) 話の難易度と速度を調節する

オーラルプレゼンテーションは、慣れていないと聞いている人を前にすることから、全員にすべてのことが伝わっていないと不安に感じるが心配する必要はない。テキストによるプレゼンテーションと異なり、視覚的に冒頭から最後までを縦覧することができないことから、冒頭は冒頭の伝えたいこと、中盤は中盤の伝えたいこと、終盤は終盤の伝えたいことを、それぞれその段階に応じて、段階ごとの大切なキーワードを頭にイメージしながら、段階ごとに集中して聞いている人に伝えようとすれば、仮に5つの段階があったとしても、5つの大切な内容を伝えられる。テキストによるプレゼンテーションでは、文章としての組み立てがまさに手にとるように見えてきてしまうが、テキストによるプレゼンテーションとは異なり、オーラルプレゼンテーションはそれ相応の利点が発表者に委ねられている。

例えば、オーラルプレゼンテーションでは、発表する時間の経緯の中で聞いている人の反応を見ながら、使用する単語の難易度や参考となる例示を調節できるので、より伝える相手のことを想定しながら、聞いている人の理解を深めていくことのできる効率的な情報伝達の手段といえる。

説明をしていく速度に抑揚をつけることも、時間の概念を伴うオーラルプレゼンテーションの大切なコツになる。伝えたい内容として優先順の高いキーワードに関しては、少しゆっくりと、しかも、文章の中で何度か登場させることで、聞いている人の中での想像を膨らませることが可能となる。

(2) 説明を強調する

建築のオーラルプレゼンテーションの場合、図面や模型を前に発表する場合と、他に媒体をもたずに発表をする場合と大きく異なる。図面や模型を前に発表する場合は、2次元媒体としての図面が伝えられることと、3次元媒体としての模型が伝えられることと、それぞれの役割を活かしながら、オーラルプレゼンテーションの中で指をさしながら聞いている人の視覚的情報を図面や模型にて想像を深めてあげることが可能となる。模型は立体的な伝達媒体であるため、多くの人が聞いているプレゼンテーションにおいて、実際に建築物が竣工した場合を想像しながら理解を深められることから、建築物の主に視覚的に具体的な事柄を伝える段階で指をさしながら使うと効率的である。図面は建築物のある断面、もしくは、立面といった2次元的な全体像を伝える媒体であることから、どちらかと言うと、建築計画の機能的な側面や法規的な側面を伝える段階において指をさしながら発表すると非常に効率的である。

(3) 原稿の棒読みは避ける

読むことと話すことは決定的に違う。聞いている人の理解度を確かめながら話していくことが重要となることに加え、オーラルプレゼンテーションならではの利点を活かして、常に原稿に目を落とすことを避けて、聞いている人の目や表情に注意しながら話すとよい。大学や学校の講義でも、新しく習う内容について、教員が教科書を全くすべて棒読みしていたら、理解に苦しむことが多くなる。テレビの司会者でも、テレビを見ている老若男女という非常に幅広い人たちが、皆、理解できるように伝えようとする際に、伝える上で大切なキーワードやセンテンスを繰り返し話すようにしている。

(4) アドリブを効かす

テキストによるプレゼンテーションと異なり、仮に録音していて後で聞くことがあったとしても、その日、その時、その場所ならではの発表内容とすることも、生々しく発表するオーラルプレゼンテーションの利点である。発表する人が多ければ多いほど、聞いている人に印象深めるように、他の人が使用しないキーワードやアドリブを用いることで、全ての人が発表し終えた後に、そのキーワードをもとにあの建築の説明であった、ということを振り返ってもらえる印象深いオーラルプレゼンテーションとなる。聴衆みんなへ印象付けることが可能となる。

(5) 発表時間に応じて要素の優先順位をつける

発表時間が2分であれ10分であれ30分であれ、伝えたい内容に優先順位をつけて、質疑応答のときに具体的な説明ができるように、発表する際の余白をあえて想定してオーラルプレゼンテーションすることを目指してみることができるとよい。

7.4 議論する

7.4.1 建築論を読む

　建築設計においては、ベストで模範解答となるような唯一解が存在するわけでもなく、環境や都市や歴史や法規などの、その建築が建つその敷地ならではの多くの事柄を勘案して、試行錯誤を繰り返すことで自分が考える最も理想的な建築物を作り上げていく。その際、それまでの建築家や評論家が考えてきた多様な建築論を知っておくことは、建築設計の質を多分に高めてくれることになる。

写真 7.4.1　卒業論文や修士論文は自らの建築論を培う機会

(1) 建築論のための建築本

サビで聴く音楽集、エピローグで読む小説集など、高品位な音楽のための音楽、難解な書物のための書物などがベストセラーとなっている。建築に限らず、何かをはじめるにあたって、全体を概観してからことに望むこと。特に、分野自体も幅広く、多岐にわたる専門用語や歴史用語が用いられる建築論を読み始めるにあたっては、建築論のための建築本とでもいう書物を前もって読むことも有効に働くことがある。例えば、過去の建築論を幅広く数多く紹介した書籍を手に取って、その時点での自分が1番興味をもった建築論を改めて通読してみることからはじめてみることが、最初の段階としては思考を深めるよいきっかけになることが多い。自分の知らない建築の専門用語が登場した際も、少しでも自分が興味をもっている考え方の建築論から読み込んでいくことで、その建築論に登場した概念をきっかけに自分の興味を少しずつ広げていく上で、また別の建築論を手にして読み進めてゆくことにつながっていく。

建築の長い歴史の中で、設計論のみならず、構造や材料や環境といった技術面の発展が、建築設計に新しい広がりをもたらしたことも少なくない。自分の将来を考えていく上で、設計の分野だけではなく、構造や材料や環境や都市計画や歴史など、建築の中のどの分野に自分の道を定めていくかというときにも、少しでも幅広く建築論を読んで知っておくことがとても大切である。

(2) 建築論としての必読書

建築の歴史の上で、建築物自体がその後の建築思想を生み出していったこともあれば、書物としての建築論が、その後の建築設計のトレンドになっていたことが多くあった。例えば、「建築家なしの建築」という建築論が発表されたとき、時代は世の中の近代化の真っ只中であった。世界中の都市に建築物がどんどん建っていき、都市の基盤も都市の中での生活も不自由の少ないものになってきたとき、「建築家なしの建築」の建築論から、都市のハード面での構築を担ってきた建築家がとても大きい影響をうけた。近代的で機能的な建築物を建てていくことに並行して、その地域や風土や生活により根差した建築物や、都市空間を実現していくことの大切さを改めて見直す大きな問題提起となった。また、ル・コルビュジェは、自ら建築論をまとめた印刷物を世界中に広めると同時に、その建築論を体現化した建築物を実現した。ル・コルビュジェの当時の建築物をできるだけその時代に即して考えていく上で、当時のル・コルビュジェの一言一言を解釈しながら、自分なりにル・コルビュジェと対話するかのように、建築物を巡ったり、建築写真を細かく読み取ったり、当時のスケッチや模型などの資料を読み解いていくことが、いつか自分が実際の建築の設計を行う際に、未知の想像力をかき立ててくれることもある。以下は、建築分野における建築論の必読書を挙げたリストである。自分が読みやすいと思った建築論から少しずつ読んでいくことで心配ないので、まずは自分の手がかりになるであろう一冊を手に取ってみるとよい。

空間・時間・建築、1969年
第一機械時代の理論とデザイン、1976年
環境としての建築、1981年
建築の解体、1975年
パタン・ランゲージ、1984年
テクトニック・カルチャー、2002年
マニエリスムと近代建築、1979年
隠喩としての建築、2004年
複製技術時代の芸術、1970年
錯乱のニューヨーク、1999年
エッフェル塔試論、1997年
偶然と必然、1972年

(3) 建築論を記してみる

卒業論文や修士論文では、テーマの発見、対象の精査、分析法の確立、多視点での考察、個々と全体を見据えた結論、という論を構築していく力を育む絶好の機会になる。一つひとつの要素をいかに組み立てていくかという点で、「建」てて「築」くという建築を考える作業とも同調する部分も多い。自分の興味のある建築のテーマ設定を行い、少しずつその事象に対して資料を集めてみるというところからスタートしてみるのもおすすめである。

7.4.2 講評する

　講評には、既存の建築や街並みについて調査を行いその対象物の評価を行ったり、新しく生まれた概念に対して批評を行ったり、他者が考え出した考え方に対してコメントしたり、自分の考え方を整理する上でも、意外にも日常的に行われているコミュニケーションのひとつである。講評する立場、また、講評される立場を何度か経ることで、自分の考え方をより深く培っていくことが可能となる。

図 7.4.4　建築設計製図の合同講評会の様子

(1) 既成概念を疑う姿勢で講評する

　他者と講評を共にする際に、高度な講評を成立させる上での必要最低限のマナーを紹介したい。

　一例として、日本建築学会が発行する論文集では、論文という主たる目的とは別に、討議という場が開かれている。一般的に、学会における論文発表は、それまでになかった調査やそれまで試されなかった論証に対して、文章と図表によって論文集や研究会にて発表する。そうした性質もあり、いくつかの発表の場においては、発表の前に複数の第三者によるピュアレビューという場があり、その論考が間違っている可能性があるかどうかを審査する手続きが設けられている。例えば、審査を経て論文発表が行われた際にも、疑念が生じたときに、学会員のだれでもその発表された論考に対して紙面にて討議することが可能となっている。論文発表となると、第三者によるお墨付きがあると思われがちだが、こうした第三者によるピュアレビューを経た学会の論文発表というケースでも、既成概念を疑いつつ、議論や講評を行う場が設けられている。いわば、既に世の中に存在する事象に対しても、そのまま受け入れるのではなく、その概念を自分自身の中で解釈を深めて、第三者に対して自分自身の考え方を伝えていくことは、社会を形成していく中で、一方的な考え方に染まらないという点で、人々に開かれた、とても大切な行いであるといえる。公表するということは、逆に、講評されるという立場が必然的に生じるわけで、講評される立場に立った時も、自分の中にない概念や論理に耳を傾け、お互いの考え方をもとにその概念や論理の有する可能性を構築的に深めていく、あわよくば、お互いの議論を経たからこその新しい発見が得られる、そうした講評に望む姿勢が必要不可欠である。

　また、講評される側に立つ場合、自分自身の感性に捉われるような伝達内容で発表するのではなく、第三者のほとんどの人が理解可能な客観性を保ちながら伝えていくことがとても大切である。こういった新しい概念が良い、とか、こうしたいといった気持ちが優先してしまうことで、第三者に伝える上でとても大切で通底する論理が欠落してしまうこと少なくない。できる限り、主語に第一人称を使わない伝達方法をとることがポイントである。

　次に、講評する立場に立ったときは、議論を止めてしまうような結論から語るのではなく、発表者の伝えようとしている概念の可能性をできる限り拡張してあげられる。そうした発言を中心にしていくことがより実りの多い講評会としていくポイントとなる。多くの講評される側と講評する側の経験を経ることで、第三者的視点を保ちながら自分自身の考え方を高めていくことも可能となっていく。

　ときには、講評でコミュニケーションをとっていくその場で全ての結論を出すのではなく、実際にもう少し進めてみてから、改めてお互いに講評しあう。そうした流れも大切な進め方となる。

(2) 講評してもらうことを活かす術

　建築の分野では、最終的な唯一解がないため、可能な限り高品位な建築に向けて、設計チーム内でお互いに講評し合うこと、つまり、議論が交わされる。一方で、コンペティションやプロポーザルに限らず、大学の課題の審査段階では、評価を与える審査員や教員や建築家が講評することになる。いわば、可能な限り高品位な建築を目指して、審査員や教員や建築家が自身のそれまでの思考や経験を紐解きつつ、新しい建築像や、建築を拡張する可能性などを論考しながら講評の作業にあたっていくことになる。その際に、講評してもらうことを活かしたプレゼンテーションの方法というものがある。講評してもらうことがない○か×かの議論の上では成立しないプレゼンテーションの方法である。仮に、あるコンペティションで審査員が5人いた場合、その5人の意見が完全に一致しているということは、ほとんどない。多くの応募の中からもっとも優れた案を選出するという手続きがとられる場合、合議制による選出となるが、中には、その他の作品の提案の一部に対して高い評価を行っている審査員がいることがある。

　順位付けを行うことを目的とするのではなく、あくまで多くの応募作品に対して、複数の審査員による多視点での講評自体が、その講評会に同席した全員の論理を深めていくことになる。

第8章 図面作製法

第8章では、建築設計図面を具体的にどのように作製していくか、その手順、およびそれぞれの段階での注意点について具体的な図面をもとに説明している。

8.1では学生に演習課題として設計製図をしてもらったものを例として、図面作製における注意点を列記している。

8.2は、8.1で例示した設計事例のひとつを例として、その設計過程を、設計コンセプトや設計方針など含めて示している。

8.3では、建築家の実際の図面の一部を示しており、これに基づき建物が実現している。

8.1 課題としての設計図面[注1]

　図面は、わかりやすく人の目を引くものでありたい。そのためには、図面には簡潔さと美しさが要求される。彩色したり影をつけたりして、設計意図を明確に示し、迫力ある図面とすることも重要である。設計者は、図面を他の人にも十分に理解してもらえるよう、常に心して図面作製に当たらなくてはならない。

8.1.1 設計説明書（コンセプト）

　設計の思想を説明するもの。趣旨説明のために、文章だけでなく、図表などをつけ、理解しやすくすることも大事である。最も表現したい部分、最も主張したい部分など、見せ場としてコンセプトの中に記述表現する。

8.1.2 周辺環境図

　当該建物までの道筋を示す。敷地の周辺環境がどのような状況になっているかを示すことにより、建物の備えるべき条件が周辺環境と適合しているかどうかを示すことにもなる。

　基本的に北を上にし、敷地の位置を分かりやすく示す。縮尺は、適宜決める。1/2500程度のものが多い。方位と縮尺を記入する。隣接地の建物や緑、駐車場などの周辺の環境、商店、銀行、郵便局、学校などの生活関連施設の位置を示す。ランドマークとなっている建物や施設等や、鉄道駅やバス停などの交通機関を明示する。

8.1.3 配置図

　配置図は、建物と敷地、敷地と隣接地、敷地と道路などのそれぞれの関係を示すものである。住人の生活動線がわかるように作図する。建物は屋根伏せを描く場合と、1階平面図を描く場合がある。縮尺は1/100から1/1000程度。隣接道路を描き、入口を示す。隣接敷地の境界や建物線を入れる。敷地内には、外構や植栽を入れる。道から建物玄関にいたる動線が分かるように描く。この図面では縮尺がぬけているが、必ず縮尺を入れる。

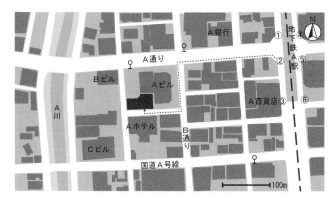

図8.1.1　周辺環境図

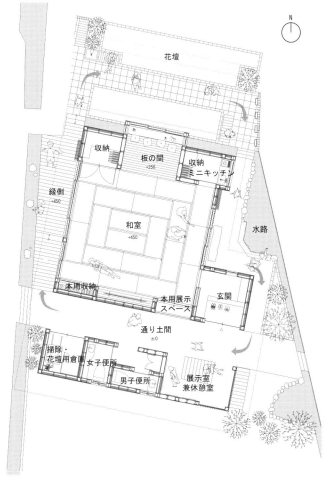

図8.1.2　S集会施設　配置図兼1階平面図（鉄骨造）

8.1.4 平面図

平面図は、建物を床から人間の目の高さ（約1.5m）で水平に切り、それを上から見た水平断面図でもある。人間の生活行動が最も表現されるため、設計図面の中心的存在である。

縮尺は1/50から1/500程度とし、北を上にして方位と縮尺を記入する。水平断面部分を表示する他に、畳やフローリングなどの床仕上げを表現する。断面より上部の、庇や窓は破線で、吹き抜けの場合は一点鎖線などでその存在を示す。室名と家具などの生活の様子を示す道具を記入する。寸法は、柱や壁の基準線をもとに記入する。

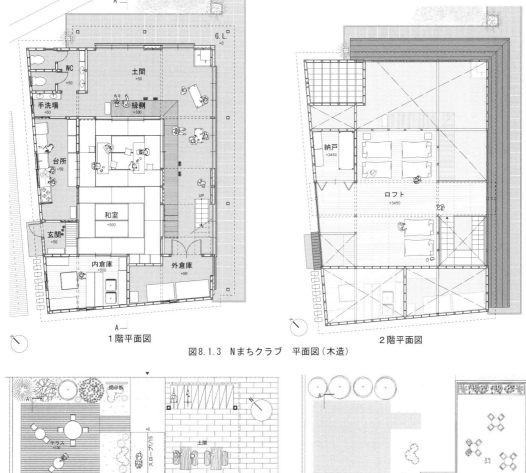

図8.1.3　Nまちクラブ　平面図（木造）

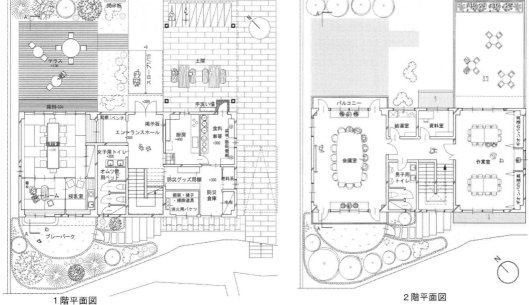

図8.1.4　H区クラブ　1階平面図（鉄筋コンクリート造）

8.1.5 立面図

建物の雰囲気を立体的に伝えるものである。周囲の建物との高さ関係や、外部の建物の寸法、形状が表現される。樹木、人などを描き込み、外部空間での生活の雰囲気を表現する。材質感を出すために彩色したり、立体感を示すために陰影を入れることなどもある。縮尺は 1/50 から 1/500 程度で、立面の方位を図面名で表し、縮尺と G.L.（グランドライン）を必ず記述する。

図 8.1.5　N まちクラブ　東立面図（木造）

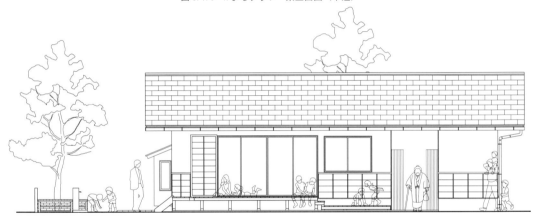

図 8.1.6　S 集会施設　西立面図（鉄骨造）

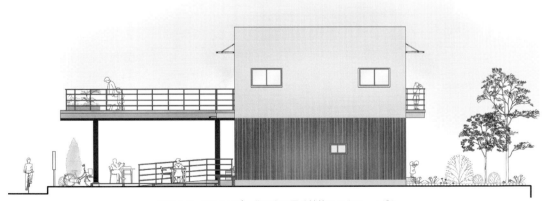

図 8.1.7　H 区クラブ　北西立面図（鉄筋コンクリート造）

8.1.6 断面図

建物を垂直に切った時の切り口である。内部空間イメージを伝えるものである。特に吹き抜けや、階段室、天井、窓の高さなど、平面では記述できない寸法やスケールを示すとともに、部屋の高さ方向の雰囲気を表現する。

縮尺は 1/50 から 1/500 程度である。室内の最も表現したい部分を断面図として示す。壁の切断面のみの記述ではなく、断面展開図として、先に見える壁面の形状や、人、家具、樹木などの添景を記入して、部屋の中や建物周囲の雰囲気をわかりやすく表現する。平面図の縦方向、横方向の2面を作成する。断面の位置を平面図に示す。

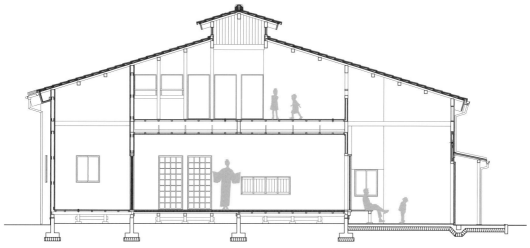

図 8.1.8　Nまちクラブ　A-A' 断面図（木造）

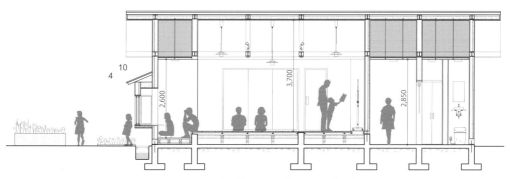

図 8.1.9　S集会施設　北−南断面図（鉄骨造）

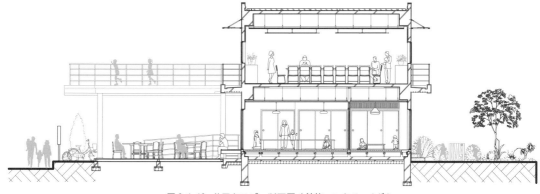

図 8.1.10　H区クラブ　断面図（鉄筋コンクリート造）

8.1.7 透視図

最も建物の雰囲気を伝えたい部分、あるいは伝えられる部分を描くようにする。透視図は、一目で建築の雰囲気や周囲の状況、利用内容などがイメージされるために、きわめて有効である。

透視図は建物が、誰にでも視覚的にわかりやすいために、正確にして魅力的に表現する必要がある。透視図が下手だと、建物自体の魅力は伝わらず評価も悪くなる。

人の目の高さ、すなわち視点の高さから描くのが基本である。人間や道具、樹木などを添景として入れると、スケール感や生活感が出てくる。必要に応じて視点を高くして描く場合や、さらに上空から鳥瞰パースを描く場合もある。1点透視、2点透視、アイソメトリック、アクソノメトリックなどの手法の中で、最も表現に適した手法を選択して作成する。

図8.1.11　S集会施設　1点透視図

図8.1.12　S集会施設　2点透視図

8.1.8 模型

模型は、建築のボリュームや形を一目で理解させるために有効である。また、設計におけるスタディ模型として作成されることもある。この場合には，設計者自身の空間や形態イメージと、できあがりのイメージとの整合性を確認する。図面で見落としている空間的な矛盾や誤りを確認するのにも有効である。施主など、他の人には図面では理解しにくい空間のボリューム感やつながりなどを、模型をプレゼンテーションに用いて理解してもらう。特に、多層で、床面段差が多い複雑な形態の建築において、模型は有効である。

写真 8.1.1　建築展示模型
　　　　　マリンカウンティ・シビックセンター

写真 8.1.2　模型展示風景

写真 8.1.3　設計製図の講義風景
　　　　　模型による敷地とその周辺の理解

写真 8.1.4　プレゼンテーション風景

写真 8.1.5　学生の設計課題　製作模型

注1　この章の8.1の図面は、名古屋工業大学大学院の演習課題として「Nまちクラブ」は、鈴木智也君と戸谷奈貴君、「S集会施設」は石井三保子君、大岩良平君、鈴木翔麻君、「H区クラブ」は石原昌紀君と肥田朋子君がそれぞれ作製し掲載させていただいた。また図 8.1.1 の作図及び続く 8.2 における図面中の文字や記号の位置調整等では名古屋工業大学技術部の東美緒技術専門職員にご協力いただいた。掲載させて頂きました方々に厚く御礼申し上げます。

8.2　建築設計課題の進め方

8.2.1　Nまちクラブ 将来計画[参1, 注2]

1) 課題

対象地区に現存する集会施設「Nまちクラブ」の現状と問題点、利用者の要望を把握して、新たな集会施設を計画せよ。

対象学生は大学院博士前期課程の1年生で、この課題では鈴木智也君と戸谷奈貴君の2名に課題を担当していただいた。8.2で掲載した写真、図面はすべて両君が撮影、作成したものである。

2) 現地調査

①立地
- 「Nまちクラブ」は、当該地区に存在する5つのまちクラブの中で、最も南に位置している。
- 施設の利用対象は約120世帯である。
- 敷地周囲は住宅地で、小学校も近くにあり、立地がよいために、住民が集まりやすい。
- 施設の南東側は、駐車する車以外は、車の利用はない。
- 南西側と、北西側は民地に接しており、この方向への施設の開放は難しい。
- 周辺の住宅は、伝統的な街並に外観を合わせている。
- 敷地は比較的土地が高いため、水害の心配は少ない。

②現在の施設の使われ方
- 地区行事やサークル活動の利用が中心であり、現在の利用頻度は月に5回程度である。
- 区の祭りや行事、青年会の活動拠点となっている。
- 広い和室は集まりやすく使いやすいため、どの活動も和室で行われている。
- 飲食を伴う行事が多く、水場がよく使われる。
- 収納スペースが狭いために、全ての物が収納しきれず、広間に物があふれ出している。

③区長の意向
- この集会施設は建築後40年以上経過している。老朽化が進行し、早急な計画が望まれる。
- 現在のクラブは、残すべきところもないので建替えを希望する。
- 新たな施設は、地区のつながりを大切にしたい。
- 地区住民により頻繁に利用してほしい。
- 地区の安全・安心な生活を支える場所にしたい。

写真8.2.1　広間

写真8.2.2　和室

写真8.2.3　水場

写真8.2.4　水場の設備

写真8.2.5　倉庫

写真8.2.6　入口からの眺め

写真8.2.7　区長との話し合い

参 1：名古屋工業大学大学院松本直司研究室まちクラブ再生プロジェクトチーム：中津川市まちクラブ設計計画試案、2013.7-2014.1
注2）：参1より図面と写真を引用した。文章についても参1を基本として加筆・修正を行って作成した。

3）現状調査

現在の「Nまちクラブ」とその周辺地区を調査した結果、設計上の留意点として、次頁の①から③をまとめている。

公民館の実測調査では、必要面積の検討など、新しい「まちクラブ」を設計するための資料を得ている。

実測図面については、区長から現在の公民館の図面を提供していただき、それをもとに実測調査結果を加えて図8.2.1から図8.2.7の現状図面を作成している。

写真8.2.8 まちクラブ南西面

写真8.2.9 便所（中央の扉）

写真8.2.10 まちクラブ北東面

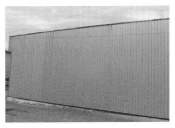
写真8.2.11 まちクラブ南東面

写真8.2.12 まちクラブ裏の倉庫

写真8.2.13 まちクラブ南東側の道

写真8.2.14 周辺の街並み

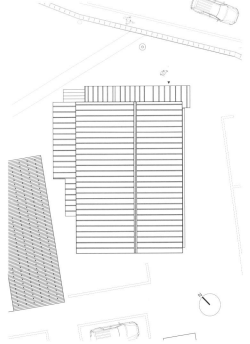
図8.2.1 Nまちクラブの現状敷地図

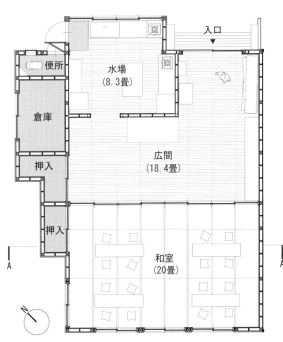
図8.2.2 Nまちクラブの現状平面図

8.2 建築設計課題の進め方

①施設内部
- 大きな窓が和室の南西面のみに存在し、奥の広間には窓が全く存在しない。
- 広い部屋に対して押入れが狭く、物が収納しきれていない。
- 便所が外部に面しており、施設からは一度外に出なければ利用できない。
- 入口が直接広間につながっており、冬には入口よりの冷気が直接広間に入り込む。
- 広間が入口からと水場からとの通路になってしまう。
- 倉庫が外部に面しており、施設内部から利用できない。

②施設の外部とのつながり
- 外構にはベンチがあるだけで、内部と外部のつながりが希薄である。
- 施設の南東面は一面壁になっており、圧迫感がある。
- この施設の主なる活動場所は和室であるが、その和室が道路より奥側に位置するため、開口が少ないこともあり、内部の活動の様子が外からは分からない。

③施設周辺
- 南東面は駐車以外の車の利用はない。
- 周辺の住宅は伝統的な街並に外観を合わせている。
- 比較的土地が高く、大きな水害の心配は少ないと考えられる。

図8.2.3 Nまちクラブの北東立面図

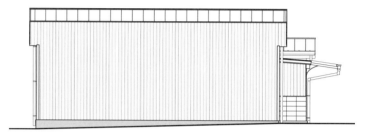

図8.2.4 Nまちクラブの南東立面図

図8.2.5 Nまちクラブの南西立面図

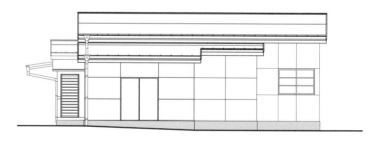

図8.2.6 Nまちクラブの北西立面図

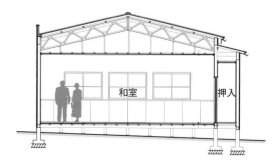

図8.2.7 Nまちクラブの断面図

4) 設計の方針

①設計コンセプト

設計コンセプトを「地域の核となり、つながりを生む場所」としている。

住民の安全・安心な生活を守るには、避難所などハード面での機能を施設に盛り込むことが必要であるが、いざという時に何よりも信頼できる地域のつながりを保てるのはソフト面である。このつながりを生むために、地区の人たちが気軽に集まり利用できるたまり場が、必要である。いつでも住民の活動の拠点となる、自分たちの居場所としての集会施設を目指している。

②具体的設計方針

・新築として設計するための基本として、大きな部屋でみんなそろって様々な活動を行うという旧来の利用形態を継承する。
・収納スペースを十分に確保して物のあふれ出しを防ぎ、部屋を広く使えるようにする。
・施設での活動が前面道路より見えるよう、地域に対して開いた形態にし、気軽に立ち寄り、活動に参加できる施設とする。
・日常生活の一部を形成するような、地域に溶け込み、親しみのある施設にする。
・地域の安全・安心を守るため、避難所や防災倉庫の機能を兼ね備えた施設とする。
・子どもの祭り「ぎおんば」などの、子どもの活動を支援できる機能を備える。
・利用して快適かつ楽しい施設とする。

5) 計画・設計

①第1段階

大きな空間で様々な活動が行えるということを前提に、広間と土間に注目し、「広間案」と「土間案」を作成している。

＜広間案＞

「広間案」では、居室部分を大きな広間としてひとつにまとめた、明快な案となっている。

広間の南東側に広く開口を取り、さらにその外側には縁側を設けて外部と内部を連続させている。縁とその上の大庇により、これまではっきりと分かれていた内部空間と外部空間を、ゆるやかに連続させている。

建物の南東側のスペースと縁は、子どもたちの遊び場としての利用が可能であると考え、会合で大人が集まっているときには大人から子どもの姿が見えるようにしている。縁の上部の大庇は、雨天時には雨をしのげるため、子ども達のたまり場としても機能している。

水場や倉庫、便所などの機能はコアとして北西側に集め、空間の機能分担を明確にしている。

＜土間案＞

広い和室を中心にし、その南東側外部に縁側を設け、北東側と北西側には室内縁を付け、土

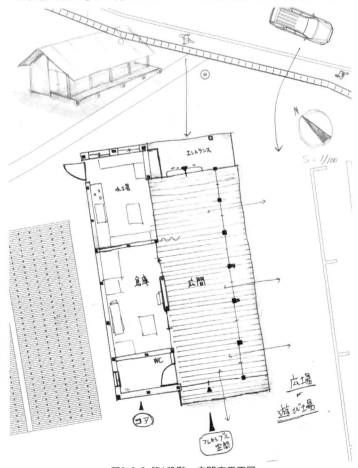

図8.2.8 第1段階 広間案平面図

間をめぐらせている。

土間は、施設入口、台所、倉庫に接しており、これらの機能をつなぐ空間としている。それぞれの空間への行為が交じり合う、賑やかな場となっている。

土間の南東側は、縁を介して、利用者がそこから気楽に出入りすることを想定している。

倉庫は床高が2段構成の大きな部屋になっており、室内で使う物と屋外で使う物を高さによって仕分けしている。

入口は大きく前面道路に開かれ、道行く人から内部の活動が垣間見られるようにしている。

<チェック項目>
・「広間案」は、広間と北西側の水場、倉庫、トイレをまとめたコアとしてはっきりと区分され、分かりやすい平面計画となっている。構造もシンプルで明快である。

しかし、広間がエントランスや縁側と建具一枚で直接外部と接しているために、出入り時に直接外気が入ってくる。この様に、冬場の暖房に難があるため、外部との中間的な空間を介することが望まれる。

水場としての台所と広間の利用の関係がイメージし難い。倉庫も、土汚れのものをどのように収納するか考える必要がある。

・「土間案」については、利用機能がしっかりと整理されており、それに対応して空間も設定されている。敷地も全体が有効に利用されている。

しかし、土間が和室の前室的、通路的であり、本来の集会機能が土間で発揮できない可能性がある。また、平面計画を機能で

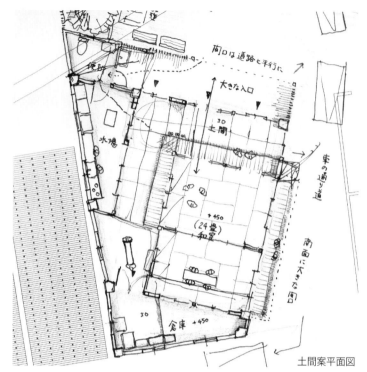

図8.2.9 第1段階 土間案平面図敷地図

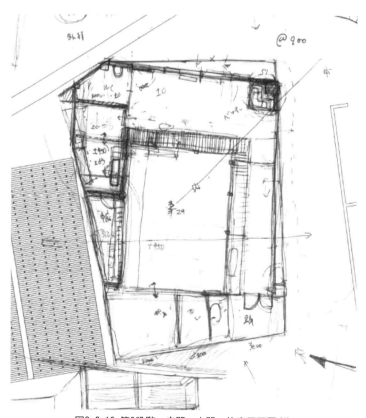

図8.2.10 第2段階 広間・土間一体案平面図(1)

整理し、構造計画と合わせてシンプルにする必要があろう。

②第2段階「広間・土間一体案」

第1段階の「広間案」と「土間案」のそれぞれを、第2段階では一体化し、新たな「広間・土間一体案」としている。「広間案」の南東に大きく開いている点と機能をコアとしてまとめている点を、「土間」案の和室の周囲を土間と倉庫と縁側で囲むという点を踏襲している。この段階では、(1)から(5)までの、5回の設計変更がなされている。

具体的には、和室の広間を中心に、南側から東側に広く土間を設け、和室との間に小さな踏み込みの縁を設置している。このことにより、和室の土間との一体的な利用を可能とし、子どもの祭りである「ぎおんば」等の準備に有効な空間として機能すると考えられる。

広い土間は内部と外部を緩やかにつなげ、雨天時でも利用できる。特に子どもの室内あそびに適している。

収納については、利用時の利便性を考慮し、和室に手荷物棚を設けている。物が居室に溢れ出ないように、収納を大きくとっている。和室の北西側には台所を配して、集会時の利用の便に供している。土間には足洗いや物洗いを可能にする洗い場を設けている。

a．土縁

土間は半屋外的空間であり、外部使用の物の準備や、子どもの遊び場として、また土間に縁が取りつくことにより、近所の人のちょっとした寄り合いの場となるであろう。倉庫が土間に直結しており、土間作業での道具の出し入れが容易である。

b．土間と和室の開放性

土間と和室の間は、空間的に大きく開かれ、間に設けられた縁により2つの空間を連続した利用が可能となっている。土間はハイサイドライトにより、上部よりの採光をし、明るい空間となっている。

c．ゆとりある倉庫と床面高

倉庫は十分な広さとし、床面高さにより、屋内用、屋外用、中間用の3種類の物の区分け収納を可能にしている。

＜チェック項目＞
・土間と和室の間の建具の開閉方式をどのようにするか考えてほしい。
・施設の防災機能を強化したい。
・収納機能をさらに強化したい。
・坪庭の意味が不明。再検討

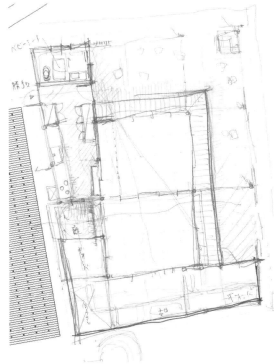

図8.2.11 第2段階
「広間・土間一体案」平面図(2)

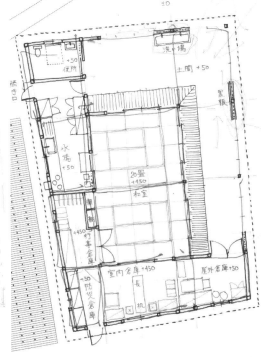

図8.2.12 第2段階
「広間・土間一体案」平面図(3)

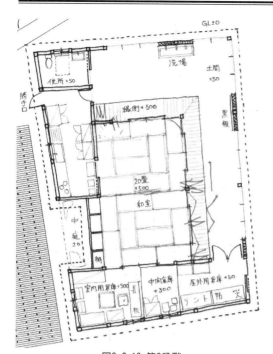

図8.2.13 第2段階
「広間・土間一体案」平面図(4)

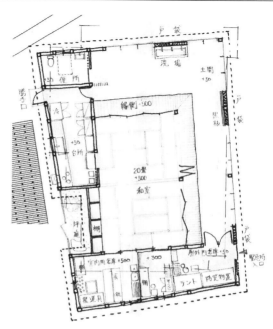

図8.2.14 第2段階
「広間・土間一体案」平面図(5)

図8.2.15 土間と縁の関係

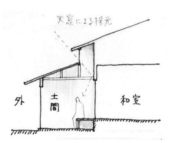

図8.2.16 土間と和室の開放性

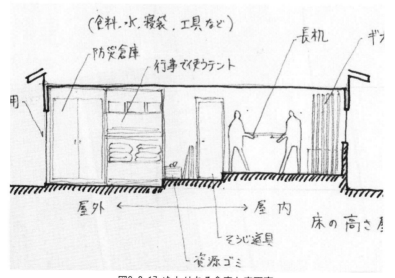

図8.2.17 ゆとりある倉庫と床面高

③第３段階「ロフト案」

第２段階でほぼ、空間の構成は決定したが、収納機能の充実が必要である。施設を大屋根とし、その屋根裏にロフトを設け、収納機能の強化を図っている。

和室の上にロフトをつくるために軒高を上げている。そのことにより、１階部分の採光面積の増加もなされた。ロフトへは、第２段階での和室奥の坪庭をやめて、そこに新たに階段を設けている。外構については、全面道路からは分かりやすい直線的なアプローチとした。

a. ロフト

ロフトは主に物置として利用する。利用頻度の少ないもの、お祭りの道具などはロフトに収納する。２階妻面には窓を広く開け、土間を明るくしている。

b. 断面計画

和室にロフトの足音などが響かないように、和室の天井を厚くしている。ロフトの周囲は壁ではなく手すりとし、上下階の空間が一体的に見えるようにしている。会話なども、上下階で可能である。

＜チェック事項＞

- 和室奥の階段は、土汚れの物の移動には適さない。ロフトの機能の再考が必要。
- ロフト部分が暗いため採光方法を考えたい。
- ロフトの天井高を上げて、

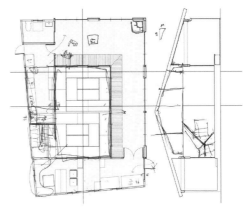

図8.2.18 第3段階 ロフト案スケッチ

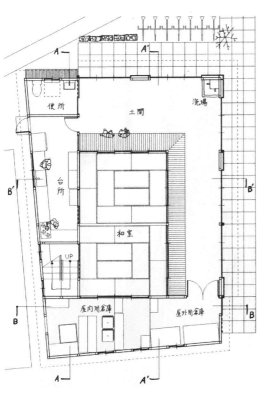

図8.2.19 第3段階 ロフト案(1)

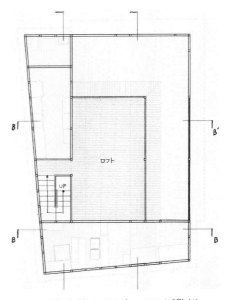

図8.2.20 ロフト案 ロフト2階(1)

図8.2.21 ロフト案 断面(1)

宿泊可能にするなど、もっ
と積極的な利用をしたい。
・トイレについて男女を分け
たい。
・土間から外部を有効に利用

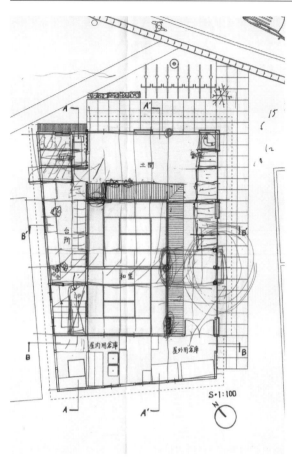

図8.2.22 第3段階 ロフト案(2)

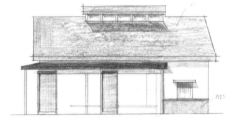

図8.2.24 第3段階 立面スケッチ

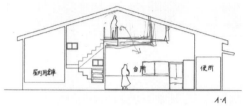

図8.2.25 第3段階 A-A断面図

図8.2.26 第3段階 A'-A'断面図

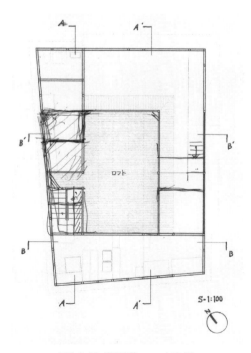

図8.2.23 第3段階 ロフト案(3)

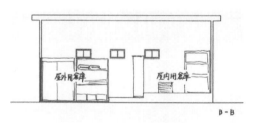

図8.2.27 第3段階 B-B断面図

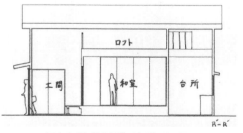

図8.2.28 第3段階 B'-B'断面図

図8.2.29 第4段階 腰屋根案(1)

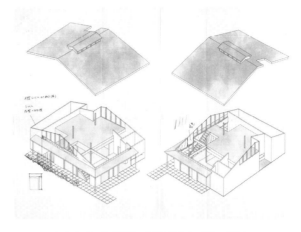

図8.2.30 第4段階 腰屋根仕上げ色の検討

するために、大庇を設けたい。

④第4段階「腰屋根案」

住民の連携強化をはかるための空間機能を加えることをこの第4段階で行っている。特に高学年の子どもが自由に利用できる施設としての機能が何なのかを検討し、その解決策として、ロフト空間を提案している。ロフト空間は、夏などに地区の子どもが合宿することができ、緊急時の宿泊スペースとして利用可能なものとしている。

また、より外部とのつながりを強化するために、土間の外側に大庇を設け、これにより、土間の雨天時の利用をより有効にしている。

a. ロフト空間

ロフト空間には、妻面にあたる北東側と南西側に窓を設けて明るさを確保し、上部の大屋根には腰屋根を設けて上方での換気と採光を可能にし、過ごしやすい環境を確保している。

b. 断面計画

屋根裏部屋としてのロフトから、天井高をとって通常の使用が可能なロフト空間としている。和室の棚の下には雪見窓を設けて、東西方向の通風を確保している。

＜チェック項目＞

・再登場した坪庭を、その効果が薄いため再検討したい。
・内玄関の位置を再検討したい。
・宿泊機能充実に伴いトイレを洗面を含めて再考したい。
・収納空間を室内、室外器具用に壁により仕分けたい。
・土間をより広く、開放的に利用するために、階段位置を再検討したい。

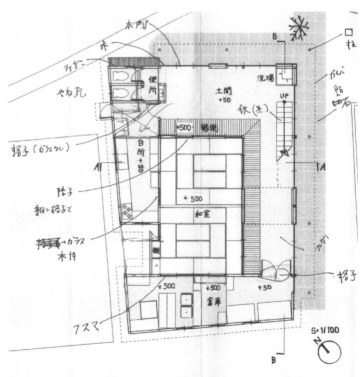

図8.2.31 第4段階 腰屋根案(1)赤ペン

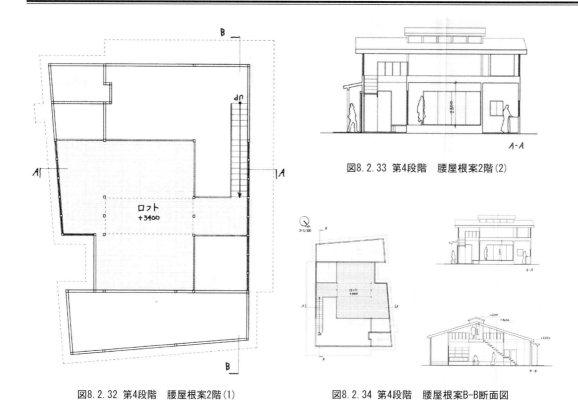

図8.2.32 第4段階　腰屋根案2階(1)

図8.2.33 第4段階　腰屋根案2階(2)

図8.2.34 第4段階　腰屋根案B-B断面図

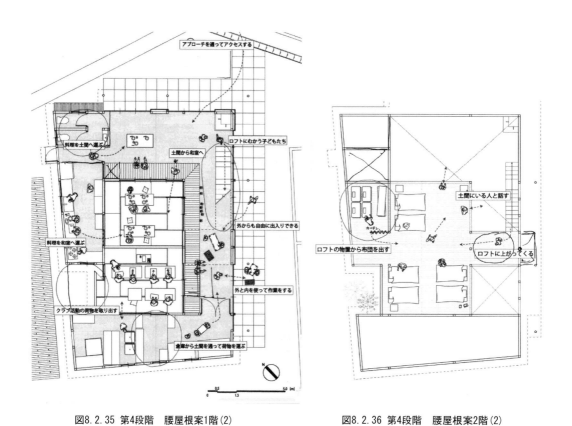

図8.2.35 第4段階　腰屋根案1階(2)

図8.2.36 第4段階　腰屋根案2階(2)

・ロフト空間の収納を充実したい。

⑤第5段階「最終調整」「裏玄関」案

第5段階は、これまでの計画案の最終調整の段階である。特に、実際の利用しやすさを想定し、以下の変更を加えている。

a. 建物外観

屋根や外壁の建築材料は、この地区の伝統的な街並みとの調和に配慮している。具体的には、土間部分の外壁を板葺きとし、トイレや台所などの水場部分は、漆喰仕上げとし、なまこ壁の腰壁付きとしている。屋根は瓦葺きを基本とし、1階と2階の間に設けた大きな庇部分は、銅板またはガリバリウム鋼板葺きを想定している。

b. 1階部分の変更

・内玄関を設ける

土間からの開放的な出入り口の他に、坪庭をやめた位置に内玄関を設けている。これまで、台所とトイレの間に出入り口が設けられていたが、その部分を宿泊用の洗面所としている。内玄関を設けることにより、建物管理を容易にしている。すなわち、戸締まりや掃除など、土間を開放しないで施設に入ることが可能になっている。

・階段位置の変更

階段の位置を変えることで、より土間を広く使えるようにしている。土間を広く、明るく、開放的に使えるように、階段を土間の端に寄せている。

・トイレの面積拡大

トイレ規模を大きくして宿泊にも耐えるように配慮している。

・倉庫に仕切り壁

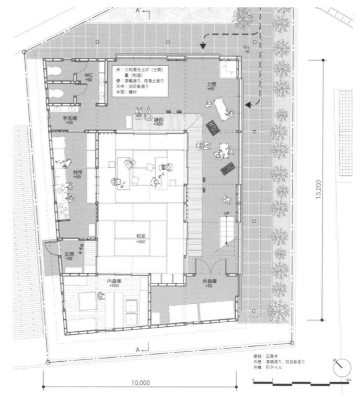

図8.2.37 第5段階 1階平面図

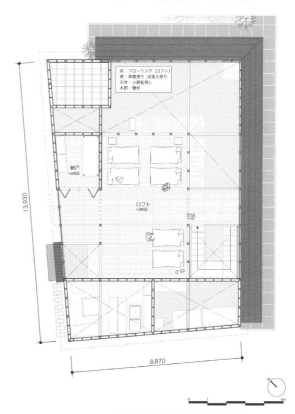

図8.2.38 第5段階 2階平面図

倉庫は、内倉庫と外倉庫に分離し、機能を明確に分けるために倉庫内に壁を設けている。

・台所の配膳窓

台所の料理を床高の異なる和室に供給するための配膳窓を設けている。

c. ロフトの変更

・ロフトを開放的にする

ロフトは初期の天井高が低い状況から天井高をさらに上げている。したがって、屋根裏と言うよりは居室としての役割を果たすことになる。

・ロフト空間の手すり

ロフト空間は手すりを通して東と西側の吹き抜け部分とつながり、1階とロフト空間が全体として一体となる開放的な空間としている。

・2階に納戸

宿泊のための寝具を収納する納戸を設けている。ここの布団は、2階のロフト空間の手すりに干すことや、階段を上がったところの踊り場の窓に干すことが可能になっている。

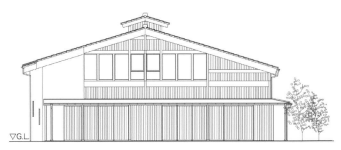

図8.2.39 第5段階南東立面図

図8.2.40 第5段階北東立面図

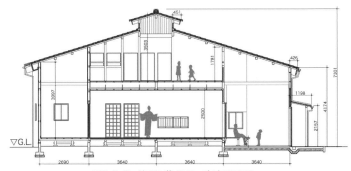

図8.2.41 第5段階北西―南東断面図

周囲は比較的瓦屋根の家が多い伝統的環境であり、まちクラブはこの街並みとの調和を大切にした外観としている。これまでの集会施設は閉鎖的であったが、新しいこの施設では土間とその外側の大庇を介してまちに大きく開放されている。道行く人が、建物の内部での人々の活動を垣間見れる構造となっている。

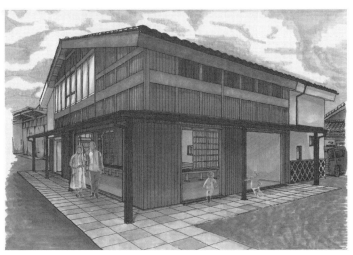

図8.2.42 北東からの外観

土間と和室は一体となって使うことができ、地域クラブの活動や子どもの祭「ぎおんば」などの行事の準備を、この開放的な空間で行うことができるようになっている。通常の時期には土間と和室の間の開口を調整することにより、様々な用途の利用に対応することができるであろう。

図8.2.43　1階土間から和室方向

　立体的につながるロフト空間と土間は、子どもの遊び場ともなるであろう。開放的であるために上下階が連続し一体的になっている。

図8.2.44　階段から2階ロフト空間へ

　ロフト空間は子どもにとって秘密基地のような空間になる。ロフト空間は宿泊可能であり、ときに布団を出してお泊り会をすることもできる。若者が集って様々なイベントを企画したり、夜通し活動することを可能にしている。災害などの緊急時には、住民の一時避難所としての利用も可能である。

図8.2.45　2階ロフト（第5段階）

8.3 建築家の設計図面

代々木の家

設計：甲村健一／KEN一級建築士事務所
構造：木造在来工法、一部鉄筋コンクリート造

図8.3.1　周辺環境図

写真8.3.1　リビングからダイニングキッチンを見る

写真8.3.2　西側ファサード

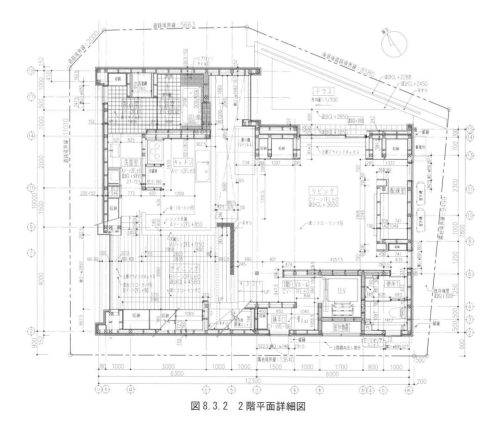

図8.3.2　2階平面詳細図

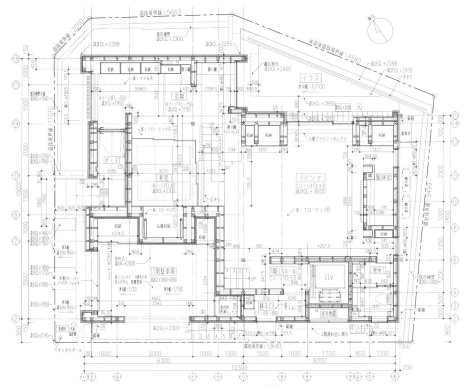

図 8.3.3　1 階平面詳細図

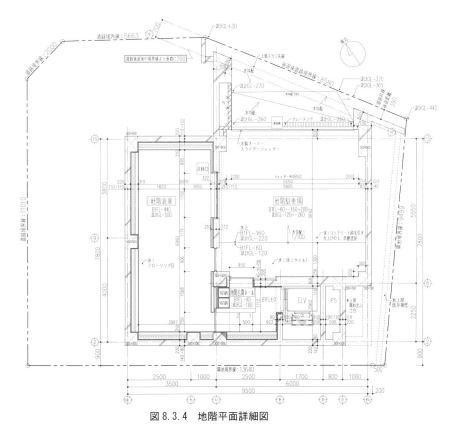

図 8.3.4　地階平面詳細図

8.3　建築家の設計図面

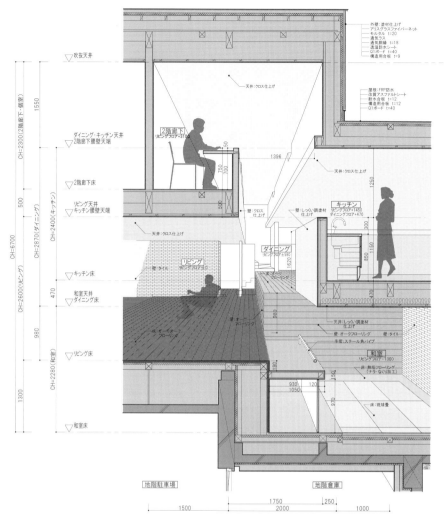

図 8.3.5　断面パース

写真 8.3.3　玄関レベル

写真 8.3.4　2階廊下から見下ろす

写真 8.3.5　ダイニングレベル

① ラスモルタル t=20+塗材A	④ ラスモルタル t=15+タイルE t=13	⑦ 中空長尺レンガルーバー
② ラスモルタル t=20+塗材B	⑤ ラスモルタル t=15+タイルF t=13	
③ ラスモルタル t=20+塗材C	⑥ 木製オーバースライダーシャッター	防 防火設備

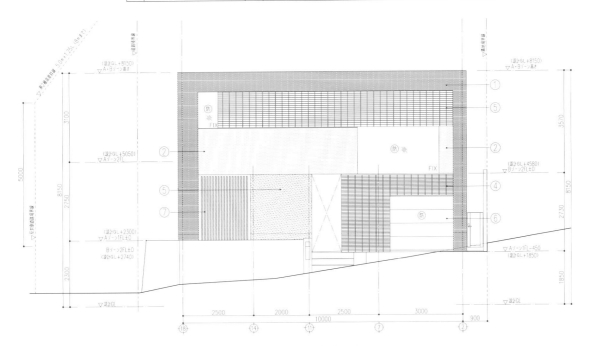

図 8.3.6 西側立面図

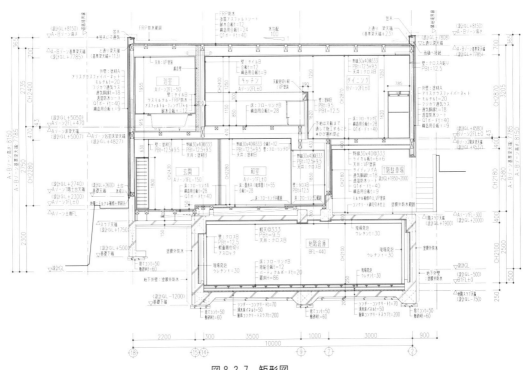

図 8.3.7 矩形図

フォレストハウス

設計：甲村健一／ＫＥＮ一級建築士事務所
構造：鉄骨造

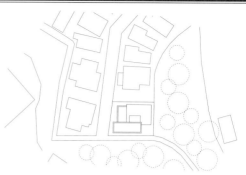

図8.3.8　周辺環境図

写真8.3.6　西側ファサード

写真8.3.7　和室

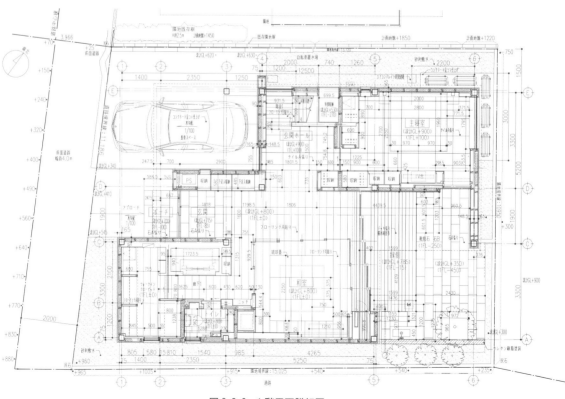

図8.3.9　1階平面詳細図

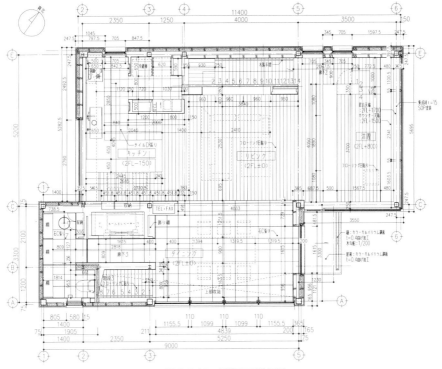

図 8.3.10　2 階平面詳細図

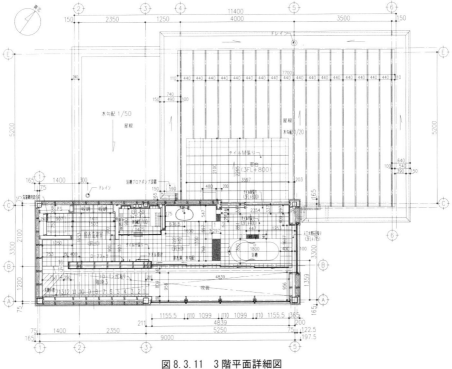

図 8.3.11　3 階平面詳細図

① ラスモルタルt=20+塗材A	④ ラスモルタルt=15+タイルEt=13	⑦ 中空長尺レンガルーバー
② ラスモルタルt=20+塗材B	⑤ ラスモルタルt=15+タイルFt=13	
③ ラスモルタルt=20+塗材C	⑥ 木製オーバースライダーシャッター	防 防火設備

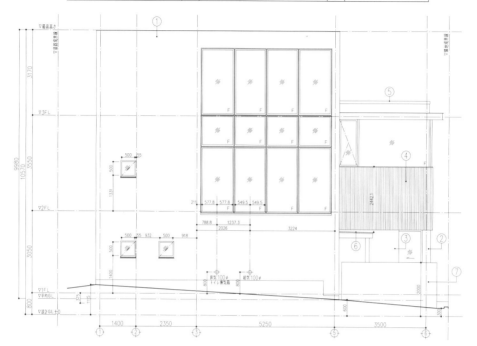

図8.3.12　南側立面図

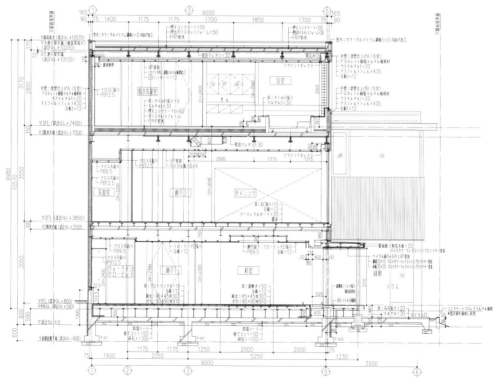

図8.3.13　矩形図（東－西）

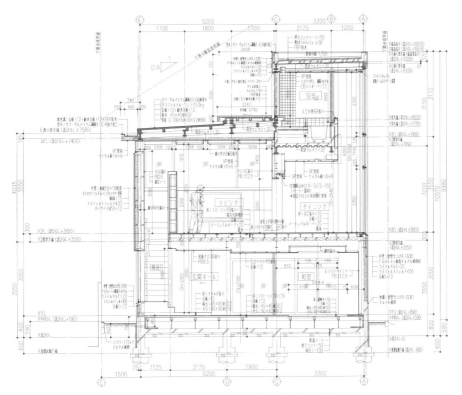

図 8.3.14　矩形図（北—南）

写真 8.3.8　和室（1階）

写真 8.3.9　ダイニング（2階）

写真 8.3.10　浴室（3階）

索　引

[あ]

アイストップ　9, 58
アイソメトリック　154
アクソノメトリック　154
アクティビティ　39, 40, 42, 43,
　　　　　　　　　56, 65
空ける　116
アトリウム　38, 61
アフォーダンス　24, 25, 43
アプローチ　81, 91, 163
アルコーブ　54
アンジュレーション　39

[い]

板葺き　167
位置　12
一時避難所　169
1点透視　154
居場所　41, 159
イベント　169
イメージ　10, 51
入れ子　48
陰影　63, 152
印象　21
飲食店　23, 116
インテリア計画　116

[う]

ウェイ・ファインディング　45
内玄関　165, 167
内倉庫　168

[え]

エスキス　9, 10, 33
縁側（えんがわ）　9, 114, 174
演習課題　149
エントランス　87, 112, 160

[お]

大庇　165, 168
黄金比　35
屋上庭園　61, 87
お泊り会　169
踊り場　83, 168

[か]

外構　130
外部空間　59, 152, 159
外部とのつながり　158, 165, 177
核家族　13, 27
傘立てのデザイン　24
仮設の空間　111
火葬　29
活動の拠点　159
矩計図　173, 176, 177
ガラススクリーン　59
ガリバリウム鋼板葺き　167
ガレリア　35. 53
瓦葺き　167
冠婚葬祭　28
緩衝空間　85

[き]

幾何学　36, 37, 65, 66
利き　16
利き足　17
利き手　17
利き耳　17
利き目　17
気候　78, 79
基準線　25, 151
共用空間　87
緊急時の宿泊スペース　165
近親　27

[く]

空間演出　112
空間の構成　66, 139, 163
空間の繋がり　112, 114, 133
空港　23
組み込む　55
グランドライン　152
車座　36

[け]

計画・設計　90, 159
形態イメージ　155
ゲート　42, 52
景色　78
ゲシュタルト心理学　38, 57
血縁　29
結節点　44, 45, 81
血縁集団　26, 27, 29
ゲニウス・ロキ　56, 71, 80
現状図面　157
現状調査　157
建築材料　55, 167
建築スケール　40
建築設計　1, 31
建築設計図面　66, 149, 170, 171,
　　　　　　　173, 174, 175, 176, 177
現地調査　156
原風景　82, 83

[こ]

公共空間　86, 87
公共性　86
構造計画　98, 139, 161
腰屋根案　165, 166
子ども　8, 27, 29, 86, 87, 88, 89,
　　　　105, 159, 161, 169
コンテクスト　9, 57, 69, 70, 71、
　　　　　　　100

コンテクストチュアリズム　70
コンバージョン（転用）　13, 60

[さ]

採光面積　163
作為的　25
座敷飾り　118, 119
サンクンガーデン　54
参道空間　43
三斜法　74

[し]

シークエンス　39, 42, 43, 81
敷地　8, 9, 56, 62, 65, 72, 81
敷地境界　76, 81, 82
敷地調査　72, 73
敷地面積　74
施設周辺　158
施設内部　158
漆喰仕上げ　167
実測図面　157
実測調査　75, 157
室内あそび　161
室名と家具　151
室礼　117
遮蔽　52
集会施設　150, 156
自由曲線　37, 125
集合　12, 46
重合　48
修景　60
修身教科書　28
集積　55
収納機能　161
周辺環境　60, 62, 69
周辺環境図　150
縮尺　62, 125
宿泊可能　164, 169
借景　12
書院造　118, 120, 121
少子高齢化社会　29

常設の空間　111
植栽　65, 150
食卓風景　28
人体寸法　34, 35
寝殿造　116, 117, 118

[す]

水害　79, 156, 158
垂直性　61
水平断面図　151
透かす　59
スキップフロア　55, 56
数寄屋風書院造　120, 121, 172
スケール　34, 62
スタディ　62, 64, 65, 131
スタディ模型　10, 132, 155
スペース・ウィズイン・スペース　54
図面作製　149, 150
図面作製法　149
寸法　8, 74, 88

[せ]

生活動線　150
積層　13, 55, 129
設計意図　92, 137, 150
設計コンセプト　137, 149, 159
設計事例　149, 170, 171, 172, 173, 174, 175, 176, 177
設計説明書（コンセプト）　150
設計の方針　159
設計方針　149
切断面　153
接点　40, 41
セットバック　55
前面道路　11, 76, 159

[そ]

倉庫　59, 156, 158, 161, 168
掃除　86, 150, 167
ソシオフーガル　23
ソシオペタル　23

外倉庫　168
備え付ける　116, 118
ソフト面　159

[た]

体格　18, 19
大家族　27
体型　18, 19, 21
対比　60
たたずむ　58
建替え　156
建具　85, 115, 118, 161
建物外観　167, 170, 174
建物管理　167
ダブルスキン　21, 41
断面計画　163, 165, 172, 173, 176, 177
断面詳細図　105
断面図　7, 55, 69, 92, 124, 125, 137, 153
断面展開図　153
断面パース　172
団らん　22

[ち]

地域景観　53
チェック項目　160, 161, 165
チェック事項　163
地形　12, 39, 61, 70, 78, 97
着衣　20, 21
中間領域　9, 41
駐車　156, 158
鳥瞰パース　154

[つ]

通風　165
坪庭　161, 163, 165, 167
妻面　165

[て]

DINKs　27
DEWKs　27
デザイナー　25, 97
デザインコード　60
鉄骨造　100, 152, 153, 174, 175, 176, 177
添景　153, 154
デン　54
天井高　83, 91, 163, 165, 168
伝統的環境　168

[と]

銅板　167
等高線　56, 75
動作　16, 43, 64
動作寸法　34
透視図　154
動的な対比　60
道標　45
土縁　161
ドーム　37
特異点　44
都市スケール　40, 45
戸締まり　167
図書館　11, 23, 144
土葬　29
トップライト（天窓）　59
留める　58
土間　151, 160, 161
土間案　159, 160, 161
土間作業　161
取り込む　43, 61, 128

[な]

内外空間　59, 133, 153
内部空間の一体化　59
なまこ壁　167

[に]

二重らせん　39
2点透視　154

[ね]

ネガ　39

[の]

ノード　44, 45

[は]

パーソナルスペース　22, 23, 110
ハード面　145, 159
媒介　44
配膳窓　168
配置図　61, 125, 150
柱・壁　52
バナキュラー　46
パブリックスペース　39
反転　38, 39

[ひ]

ヒエラルキー　46, 90
光と影　41
ピクチャーウィンドウ　56
庇（ひさし）　41, 45, 114
避難所　31, 79, 159
秘密基地　169
ヒューマンスケール　34, 45, 54
ビルディングタイプ　11
ピロティ　59
比例・比率　35
広場　23, 38, 57
広間案　159, 161

[ふ]

ファサード　21, 36, 100, 170, 174
フィボナッチ数列　35
風土　78, 79

吹き抜け　48, 61, 153, 172
不作為的　25
プライベート　77, 86
プライベートスペース　39
プレゼンテーション　10, 125, 139
プロポーザル　77
分散　46

[へ]

閉合による象徴　57
平均地盤面　75
平面詳細図　170, 171, 174, 175
平面図　7, 92, 125

[ほ]

方位　12, 56
防災機能　161
防災倉庫　159
ポジ　39
ボリューム（体積）　43, 62, 112, 132
ポルティコ　40

[ま]

間（空）　58
膜構造　53
まちクラブ　151, 156, 157

[み]

水場　156, 158, 160
魅せる　120
民地　156

[め]

メディテーション　58
メンブレイン　53

[も]

木造　170, 171, 173
模型　10, 129, 134, 155
モジュール　9, 35

モジュロール　35
物のあふれ出し　159

[や]
屋根裏　163, 168

[ゆ]
ユーザー　25, 116
雪見窓　165
ユニバーサルデザイン　87

[よ]
寄り合いの場　161

[ら]
らせん動線　43
ランドマーク　44, 57, 150

[り]
利己性　30, 31
利他性　30, 31
立体街路　56
立地　80, 156
立面図　173, 176, 177
リノベーション　13
領域　52, 84, 86
利用頻度　156
隣接敷地　150
隣接道路　150

[る]
ルーフ　53

[れ]
レイヤー　49, 64, 65, 103, 125

[ろ]
路地空間　54
ロフト　163, 165
ロフト案　163

[わ]
和室　174, 177

引用・参考文献

第 1 章

1. 大野の家　桐山敬一
2. 木もれ陽保育園　青木一実＋藤田大輔
3. 岐阜市立岐阜小学校　㈱大建設計
4. 東京都美術館　前川建築設計事務所
5. シアトル中央図書館　OMA
6. 羽生和紀監訳　自然をデザインする　誠信書房
7. チャルズ・W ムーア Jr ターブル、ウィリアム J. ミッチュル著　有岡　孝訳　庭園の詩学　鹿島出版会　1995 年
8. ＬＴ城西　成瀬・猪熊建築設計事務所
9. 氷見市庁舎　山下設計
10. 「ゼンカイ」ハウス　宮本佳明建築設計事務所
11. 安藤忠雄講演会「自由に生きる」　編集・発行：協和発酵工業㈱広報部　制作：㈱電通

第 2 章

1. 国民健康・栄養調査結果の概要　2014 年　厚生労働省
2. 後藤守一著　衣服の歴史　1955 年　河出書房
3. 松本吉彦著　二世帯住宅という選択　1994 年　平凡社
4. ヘレン。クローニン著　性選択と利他行動　1994 年　工作舎
5. リチャード・ドーキンス著　利己的な遺伝子　2006 年　紀伊国屋書店
6. 労働白書　H23 年　厚生労働省
7. 修身教本尋常小学校修身　1905 年　文部省
8. 心のノート中学校版　2002 年
9. 冠婚葬祭の歴史　2014 年　互助会保障㈱

第 3 章

1. 日本建築学会編「空間体験」　1998 年　井上書院
2. 小林克弘編著「建築構成の手法」　2000 年　彰国社
3. サイモン・アンウィン著、重枝豊監訳、上利益弘訳「建築デザインの戦略と手法」　2005 年　彰国社
4. 日本建築学会編「空間デザイン事典」　2006 年　井上書院
5. ブルーノ・ムナーリ著、阿部雅世訳「三角形　ブルーノ・ムナーリ　かたちの不思議 3」2010 年　平凡社
6. Ｉ・ベントレイ、A・アルコック、P・ミューラン、G・スミス著、佐藤圭二訳「感応する環境」　2011 年　鹿島出版会
7. 日本デザイン学会環境デザイン部会著「つなぐ　環境デザインがわかる」　2012 年　朝倉書店
8. 愛知県児童総合センター　仙田満＋環境デザイン研究所
9. T house　藤本壮介建築設計事務所
10. 竹中大工道具館　竹中工務店設計部
11. 日向市駅　内藤廣建築設計事務所
12. 潟博物館　青木淳建築計画事務所
13. MIKIMOTO GINZA 2　伊東豊雄建築設計事務所
14. 金沢 21 世紀美術館　妹島和世建築設計事務所

15. 富山市ガラス美術館　隈研吾建築都市設計事務所
16. house N　藤本壮介建築設計事務所
17. 安曇野ちひろ美術館　内藤廣建築設計事務所
18. 飯田市美術博物館　原広司＋アトリエファイ建築研究所

第4章

1. 国立長崎県原爆死没者追悼平和祈念館　栗生総合計画事務所
2. 日進市立図書館　岡田新一設計事務所
3. 熊本県営保田窪団地　山本理顕設計工場
4. 永源寺図書館　ロゴス総合設計事務所
5. 阿品の家　村上徹建築設計事務所
6. 熊本県営竜蛇平団地　スタジオ建築計画
7. 清和文楽館　石井和紘建築研究所
8. 龍安寺方丈庭園　龍安寺　管理部
9. 水の教会　安藤忠雄建築研究所
10. 坂本龍馬記念館　ワークステーション
11. せんだいメディアテーク　伊東豊雄建築事務所
12. 北区立中央図書館　佐藤総合計画
13. 日本建築学会編　西洋建築史図集　2013年　彰国社
14. 日本建築学会　建築設計資料集成－余暇・宿泊　2002年　丸善
15. 日本建築学会　建築設計資料集成－居住　2001年　丸善
16. 日本建築学会　建築設計資料集成－集会・市民サービス　2002年　丸善
17. 日本建築学会　建築設計資料集成－教育・図書　2003年　丸善
18. 日本建築学会　建築設計資料集成－総合編　2001年　丸善
19. 日本建築学会編　空間デザイン事典　2006年　井上書院
20. 新建築臨時増刊65周年記念　建築20世紀PART2　1991年　新建築社
21. 新建築　1992年6月号,1994年9月号　新建築社
22. 石堂　威・小巻哲監修　日本の現代住宅　2005年　TOTO出版
23. 二川幸夫企画・撮影　ＧＡ現代建築シリーズ03　（ライブラリー）エーディーエー・エーディタ・トーキョー　2006年
24. 二川幸夫企画・撮影　ＧＡグローバル・アーキテクチュアNo.75（ミース・ファン・デル・ローエ）バルセロナ・パヴィリオン・トゥーゲントハート邸　エーディーエー・エーディタ・トーキョー　1995年
25. 倉敷アイビースクエア　浦辺設計
26. 京都駅　原広司＋アトリエファイ
27. 東京国際フォーラム　ラファエル・ヴィニオリ
28. 公立苅田総合病院　アーキテクツ・コラボレーティブ

第5章

1. 建築大辞典　1993年　彰国社
2. 秋元馨著　現代建築のコンテクスチュアリズム入門　2002年　彰国社
3. 鈴木博之著　日本の「地霊」　1999年　講談社
4. クリスチャン・ノルベルグ・シュルツ著　ゲニウス・ロキ―建築の現象学をめざして　1994年　住まいの図書館出版局
5. ヘルツベルハー著　都市と建築のパブリックスペース　2011年　鹿島出版会

6. 斎藤純一著　公共性　2000 年　岩波書店
7. 武者英二・永瀬克己著　建築設計演習基礎編　1982 年　彰国社
8. 松下希和・長沖充・照内創著　やさしく学ぶ建築製図　2014 年　エクスナレッジ
9. 峰岸隆・高砂正弘・本田昌昭・寺地洋之共著　建築設計演習<1>基礎編　2010 年　鹿島出版会
10. 中川聰・日経デザイン編　ユニバーサルデザインの教科書　2015 年　日経 BP 社
11. ベルリン国会議事堂　修復計画：ノーマン・フォスター
12. ベルリン・ユダヤ博物館　ダニエル・リベスキンド
13. セイナッツァロの村役場　アルヴァ・アアルト
14. 三徳山三佛寺投入堂
15. 厳島神社　社殿
16. シドニーオペラハウス　ヨーン・ウツソン
17. 浜松市秋野不矩美術館　藤森照信事務所
18. ボンダイ・アイスバーグス・スイミング・プール
19. 長崎県美術館　隈研吾建築都市設計事務所
20. 画像：間宮晨一千デザインスタジオ
21. 画像：鈴木えいじ
22. 天授庵　東山慈照寺
23. 富山県水墨美術館内茶室　中村外二工務店
24. 豊島美術館カフェ・ショップ　西沢立衛建築設計事務所
25. KITTE アトリウム　三菱地所　設計部
26. 武蔵野美術大学　美術館・図書館　藤本壮介建築設計事務所
27. 子どものからだ図鑑　キッズデザイン実践のためのデータブック　2013 年
28. 第 2 回放課後の生活時間調査　2013 年　ベネッセ教育総合研究所
29. 日本建築学会編　建築設計資料集成「人間」　2003 年　丸善
30. 東京大学（柏）数物連携宇宙研究機構棟　大野秀敏（設計総括）＋渡邊佐文建築設計事務所
31. ヨコハマアパートメント　オンデザインパートナーズ
32. 武豊町民会館　都市造形研究所
33. 国際教養大学図書館　環境デザイン研究所
34. せんだいメディアテーク　伊東豊雄建築設計事務所
35. DETAIL JAPAN　2005 年 10 月別冊　DETAIL JAPAN
36. 小畠克朗・谷口英武　新建築構法：S 造と RC 造　その発想の原点から施工まで　2008 年　建築技術
37. 洗足の連結住棟　北山恒 +architecture WORKSHOP
38. DETAIL JAPAN　2006 年 8 月　DETAIL JAPAN
39. メゾン・エルメス　レンゾ・ピアノ・ビルディング・ワークショップ
40. 旧ソニーシティ大崎　日建設計
41. サステナブル・アーキテクチャー nikkenn.jp　2010 年　新建築社
42. ストロングビルディング　竹中工務店
43. 森× hako UID
44. Peanuts UID
45. 伊那東小学校　みかんぐみ

第 6 章

1. 武井豊治著　古建築辞典　1994 年　理工学社
2. 日本インテリア学会編　インテリアの百科事典　2016 年　丸善出版
3. 光井渉・太記祐一著　カラー版建築と都市の歴史　2013 年　井上書院

4. 日本建築学会編 西洋建築史図集 1981年 彰国社
5. 日本建築学会編 日本建築史図集 2011年 彰国社

第7章

1. 小嶋一浩・赤松佳珠子著　ＣＵＬＴＩＶＡＴＥ　2007年　ＴＯＴＯ出版
2. 斎藤公男著　建築の翼 2012年 建築技術
3. Ｋ博士の家　ＳＤレビュー　2011年9月　鹿島出版会
4. キルコス国際建築設計コンペティション 2013年　総合資格学院

MEMO

MEMO

【著者略歴】(各章掲載順)

松本　直司（まつもとなおじ）
- 1974年　東京工業大学工学部建築学科卒業
- 1979年　同大学大学院理工学研究科建築学専攻博士課程修了
  （工学博士）
- 1993年　名古屋工業大学教授
- 現　在：名古屋工業大学名誉教授

夏目　欣昇（なつめよしのり）
- 1993年　名古屋工業大学工学部社会開発工学科卒業
- 1995年　同大学大学院工学研究科社会開発工学専攻博士前期課程修了
- 現　在：名古屋工業大学　建築・デザイン分野　准教授
  博士（工学）

藤田　大輔（ふじただいすけ）
- 1997年　東海大学工学部建築学科卒業
- 1999年　同大学大学院工学研究科建築学専攻博士課程前期修了
- 現　在：福井工業大学　環境情報学部デザイン学科　講師
  修士（工学）

加藤　悠介（かとうゆうすけ）
- 2001年　大阪市立大学生活科学部生活環境学科卒業
- 2007年　同大学大学院生活科学研究科後期博士課程単位取得退学
- 現　在：金城学院大学生活環境学部環境デザイン学科　准教授　博士（学術）

北川　啓介（きたがわけいすけ）
- 1996年　名古屋工業大学工学部社会開発工学科卒業
- 2001年　同大学大学院工学研究科社会開発工学専攻博士後期課程修了
- 現　在：名古屋工業大学大学院工学研究科社会工学専攻　建築・デザイン分野　准教授　博士（工学）

橋本　雅好（はしもとまさよし）
- 1995年　千葉工業大学工学部工業デザイン学科卒業
- 2001年　東京大学大学院工学研究科建築学専攻博士課程修了
- 現　在：椙山女学園大学生活科学部生活環境デザイン学科　准教授　博士（工学）

谷田　真（たにだまこと）
- 1995年　名城大学理工学部建築学科卒業
- 2003年　名古屋大学大学院工学研究科建築学専攻博士課程修了
- 現　在：名城大学理工学部建築学科　准教授
  博士（工学）

中井　孝幸（なかいたかゆき）
- 1991年　三重大学工学部建築学科卒業
- 1993年　同大学大学院工学研究科建築学専攻修士課程修了
- 現　在：愛知工業大学工学部建築学科　教授
  博士（工学）

伊藤　孝紀（いとうたかのり）
- 1997年　名城大学理工学部建築学科卒業
- 2007年　名古屋市立大学大学院芸術工学研究科博士後期課程修了
- 現　在：名古屋工業大学　建築・デザイン分野　准教授
  博士（芸術工学）

道尾　淳子（みちおじゅんこ）
- 2001年　札幌市立高等専門学校インダストリアルデザイン学科卒業
- 2003年　札幌市立高等専門学校専攻科修了
- 2012年　名古屋市立大学大学院芸術工学研究科博士後期課程単位取得満期退学
- 現　在：北海道科学大学未来デザイン学部メディアデザイン学科　講師
  アトリエサノ＋コンテ
  博士（芸術工学）

清水　隆宏（しみずたかひろ）
- 2001年　名古屋工業大学工学部社会開発工学科卒業
- 2006年　同大学大学院工学研究科博士後期課程修了
- 現　在：岐阜工業高等専門学校建築学科　准教授
  博士（工学）

生田　京子（いくたきょうこ）
- 1993年　早稲田大学理工学部建築学科卒業
- 2005年　名古屋大学大学院環境学研究科都市環境学専攻博士後期課程修了
- 現　在：名城大学理工学部建築学科　准教授
  博士（工学）

甲村　健一（こうむらけんいち）
- 1992年　名古屋工業大学工学部社会開発工学科卒業
- 1992年　清水建設株式会社　設計本部
- 1999年　ＫＥＮ一級建築士事務所設立
- 現　在：株式会社ＫＥＮ一級建築士事務所　代表取締役
  名古屋工業大学　客員教授

発想し創造する建築設計製図

2017年7月18日　初版発行
2025年4月30日　初版2刷発行

編著者	松本　直司	夏目　欣昇	
著　者	藤田　大輔	加藤　悠介	
	北川　啓介	橋本　雅好	
	谷田　　真	中井　孝幸	
	伊藤　孝紀	道尾　淳子	
	清水　隆宏	生田　京子	
	甲村　健一		

検印省略

発行者　柴山　斐呂子

発行所

理工図書株式会社

〒102-0082　東京都千代田区一番町 27-2
電話 03(3230)0221(代表)
FAX 03(3262)8247
振替口座 00180-3-36087 番

©松本直司・夏目欣昇　2017年　Printed in Japan
ISBN978-4-8446-0862-2
印刷・製本　平河工業社

* 本書のコピー、スキャン、デジタル化等の無断複製は著作権法上の例外を除き禁じられています。本書を代行業者等の第三者に依頼してスキャンやデジタル化することは、たとえ個人や家庭内の利用でも著作権法違反です。

自然科学書協会会員★工学書協会会員★土木・建築書協会会員